말공부

2500년 인문고전에서 찾은

# 말공부

ⓒ 2014, 조윤제

**초판 1쇄 발행** 2014년 3월 24일
**초판 56쇄 발행** 2025년 10월 24일

**지은이** 조윤제
**펴낸이** 유정연

**이사** 김귀분
**기획편집** 신성식 조현주 유리슬아 황서연 정유진 **디자인** 안수진 기경란
**마케팅** 반지영 박중혁 하유정 **제작** 임정호 **경영지원** 박소영

**펴낸곳** 흐름출판(주) **출판등록** 제313-2003-199호(2003년 5월 28일)
**주소** 서울시 마포구 월드컵북로5길 48-9(서교동)
**전화** (02)325-4944 **팩스** (02)325-4945 **이메일** book@hbooks.co.kr
**홈페이지** http://www.hbooks.co.kr **블로그** blog.naver.com/nextwave7
**출력·인쇄·제본** 삼광프린팅(주) **용지** 월드페이퍼(주) **후가공** (주)이지앤비(특허 제10-1081185호)

ISBN 978-89-6596-105-5 13320

- 이 책은 저작권법에 따라 보호를 받는 저작물이므로 무단 전재와 복제를 금지하며,
  이 책 내용의 전부 또는 일부를 사용하려면 반드시 저작권자와 흐름출판의 서면 동의를 받아야 합니다.
- 흐름출판은 독자 여러분의 투고를 기다리고 있습니다. 원고가 있으신 분은 book@hbooks.co.kr로
  간단한 개요와 취지, 연락처 등을 보내주세요. 머뭇거리지 말고 문을 두드리세요.
- 파손된 책은 구입하신 서점에서 교환해 드리며 책값은 뒤표지에 있습니다.

2500년 인문고전에서 찾은

# 말공부

조운제 지음

흐름출판

**머리말**

# 말에도
# 공부가 필요하다

'말이 곧 그 사람 자신이다'라는 말이 있다.

말이 그 사람의 인격과 품격을 말해준다고도 한다. 그래서 동서고금을 막론하고 말을 잘하는 사람이 인정을 받았고 또 그만한 대우를 받았다. 소통 능력이 더욱 중요해진 오늘날에는 제대로 말하고 표현하고 설득하는 능력이 필수가 되었다고 해도 과언이 아니다. 그래서 많은 사람들이 세계 유명인사들의 스피치를 배우고, '~대화법' 제목이 붙은 책들이 베스트셀러가 된다. 말하기 학원도 성업 중이고, 그중 경제적으로 여유가 있는 사람들은 유명한 말하기 코치를 데려다가 개인 교습을 받기도 한다.

물론 이런 노력들이 모두 성공하는 것은 아니다. 여기서 한 가지

당연한 의문이 생긴다. 왜 많은 노력과 시도에도 불구하고 그만큼의 성과는 거두지 못하는 것일까? 여전히 많은 사람들이 '말하기 공부가 세상에서 가장 어려운 공부'라고들 한다. 그 이유가 바로 앞에서 이야기한 '말이 곧 그 사람 자신이다'라는 명제와 관련이 깊다.

말은 단순히 입에서 나오는 것이 아니라 자신의 성품과 인격, 가치관, 그리고 본성들이 집약되어 나오는 것이다. 내면의 힘이 말의 힘이 되고, 내면의 충실함이 말의 충실함이 된다. 그런데 사람들은 말을 기술로 배우려 하기 때문에 실패한다. 내면보다는 겉을 꾸미고 겉치레 말로 포장하려고 하기 때문에 곧 밑천이 드러나고 마는 것이다. 그 폐단을 우리는 매스컴에서 자주 보곤 한다. 최근만 해도 나라에서 가장 중요한 말을 하는 청와대 대변인이나 장관들이 '말'이 아닌 내면의 부실함으로 인해 추락한 사건이 바로 그것이다.

공자는 '말은 뜻을 전달하면 그만이다'라고 《논어》에서 가르치고 있다. 말과 행동이 전혀 다르게 나타나는 사람들, 오직 겉만 화려하고 아름답게 꾸며서 말하려는 진실하지 못한 사람들 때문에 공자는 이렇게 극단적으로 말했다. 하지만 공자의 가르침 전반을 살펴보면 공자는 투박하기만 한 말과 글을 경계했고, 겉과 속이 잘 조화된 사람을 군자로 인정했다. 공자는 "바탕과 겉모습이 조화를 이루어야 군자답다"라고 말했다. 내면의 깊이만큼이나 그것을 표현하는 능력도 중요하다는 것이다.

여기서 우리는 말 잘하는 방법의 핵심을 알 수 있다. 바로 나의 내면에 지혜와 깊이를 더할 수 있도록 충실하게 가꾸고, 그 내면을 정확하게 그리고 감동적으로 전달할 수 있는 표현력을 갖추어야 한다. 한 마디로, 말하는 기술이 아니라 지혜로 말해야 한다는 것이다.

아울러 말에 진실함을 담아야 능히 사람의 마음을 움직일 수 있다. 공자는 교언영색$^{巧言令色}$, 즉 번드르르한 말과 꾸미는 얼굴빛을 한 사람은 '인$^{仁}$'이 드물다고 했다. 말과 행동에 진실함이 없는 사람이라는 것이다. 결국 공자가 추구했던 '인'을 갖춘 군자는 그 사람됨과 말이 모두 진실해야 하는 것이다.

필자는 《논어》를 읽으면서 새삼 중요한 사실 하나를 발견했다. '논어'라는 책의 제목이 '토론하고 이야기한다'라는 의미인 데서도 짐작할 수 있듯이 공자가 제자들이나 위정자들을 가르치는 과정이 모두 대화를 통해서라는 사실이다. 그리고 공자의 말 속에 그의 모든 지혜가 녹아 있다는 것도 깨달았다. 대화를 가르침의 중요한 수단으로 삼았기에 공자가 핵심적으로 추구했던 '인의예지$^{仁義禮智}$'의 철학뿐 아니라, 그것을 전하는 '말'을 어떻게 해야 하는지에 대해서도 크게 비중을 두어 다루고 있었다. 결국 가르침은 '말'을 통해 이루어졌고, 공자의 그 말들이 바로 우리가 소통할 때 배워야 할 '말공부'의 핵심이었던 것이다.

그 밖에 다른 수많은 고전들을 읽으면서도 지혜와 통찰을 얻었고, 그리고 동시에 고전 속 수많은 철학자와 영웅들이 보여준 '말'의 향연에 놀라지 않을 수 없었다. 공자, 맹자, 장자 등의 철학자들이 어떻게 제자를 가르치고 진리를 전했으며, 유방, 항우, 유비, 조조 등 황제를 꿈꾸던 영웅들이 역사를 바꾼 극적인 상황 속에서 어떻게 말을 했는지를 생생하게 보고 느낄 수 있었다. 또한 오늘날 소위 말을 잘한다는 사람들의 핵심적인 비법 역시 2천여 년 전 현자들과 영웅들이 이미 다양한 상황 속에서 생생하게 보여주고 있다는 것을 알 수 있었다. 인용, 비유, 유머, 스토리텔링 등 말을 가장 효과적으로, 그리고 감동적으로 전달하는 데 필요한 요소들이 역사적인 인물들의 대화 속에 모두 녹아 있었던 것이다.

이 책에는 《논어》, 《맹자》, 《장자》 등의 철학서, 《사기》, 《십팔사략》, 《전국책》 등의 역사서, 《설원》, 《세설신어》 등의 설화집을 비롯한 수십 권의 고전에서 찾아낸 명 대화들이 담겨 있다. 어떤 때는 촌철살인으로, 어떤 때는 이심전심으로, 언중유골로, 언어유희로 보여주는 역사적 인물들의 말을 통해 필자는 이것이 바로 진정한 말의 지혜와 내공이라는 것을 깨달을 수 있었다. 그리고 이것이야말로 우리가 가장 실용적으로 활용할 수 있는 품격 있는 말의 능력이라는 것도 절감했다. 또한 이들 책 속에 담겨 있는 인생의 지혜로 내면의 깊이를 더욱 풍성하게 채울 수 있는 좋은 기회가 되었다.

독자들 역시 어떤 상황에서도 주눅 들지 않고 담대하게, 상황을 절묘하게 반전시키는 재치로, 그리고 항상 유쾌하고 재미있게 말하는 사람으로 인정받는 좋은 계기가 되었으면 하는 바람이다. "말은 힘이 있다." 링컨이 말했고 오바마 대통령이 인용한 이 말의 진정한 의미를 이 책을 통해 독자들이 함께 느낄 수 있다면 좋겠다.

"입과 혀는 재앙과 근심의 문이고, 몸을 망치는 도끼이다." 경박하고 무책임한 말이 판치는 세상에 대한 《명심보감》의 무서운 경고이다. 도가道家의 시조인 노자 역시 "말은 많이 할수록 자주 궁해진다"고 하며 "아는 자는 말하지 않고 말하는 자는 알지 못한다"고 극단적으로 이야기했다. 공자 역시 번드르르한 말과 진실하지 못한 말, 그리고 실천이 따르지 못하는 말을 하지 말 것을 되풀이해서 강조하고 있다.

하지만 오늘날은 끊임없이 소통하지 않고서는 살아가기 어려운 시대가 되었다. 공자가 말했듯이 "개인이 출세하기 위해서도 말에 허물이 적어야 하고", "한 마디 말로 나라가 흥하고, 한 마디 말로 나라가 망하기도 한다"고 할 정도로 말은 막강한 힘을 지닌다.

공자의 가르침을 세 가지로 압축한 《논어》의 맨 마지막 문장은 다음과 같은 '삼부지三不知'로 끝맺고 있다. "천명天命을 모르면 군자가 될 수 없고, 예禮를 모르면 세상에 당당히 설 수 없으며, 말言을 모르면 사람을 알 수 없다."

자기 자신은 물론 사람을 다스리는 말을 하고 싶다면, 그리고 사람 공부를 하고 싶다면, 먼저 말을 제대로 배워야 할 것이다. 다가가면 따뜻하고, 말은 합리적이며, 바라보면 기품과 위엄이 느껴지는 사람, 그러한 사람의 말을 지금 공부해보자.

차례

머리말
말에도 공부가 필요하다 004 •

**제 1 편**
**촌철살인** 寸鐵殺人

### 단 한 마디로 끝내라

마음을 헤아려주는 진심의 한 마디 017 • 말로 마음을 어지럽혀라 021 • 극적인 반전을 만드는 역전의 한 수 025 • 상대가 좋아하는 것으로 말하라 030 • 스스로를 추천하라, 절묘한 방법으로 035 • 말은 뜻을 전달하면 그만이다 039 • 자신 있는 사람은 말이 간결하다 043 •

**제 2 편**
**언중유골** 言中有骨

### 평범한 말 속에 깊은 뜻을 담는다

마음의 밝은 곳에서부터 시작하라 049 • 겸손한 말 속에 은근히 자신을 내세우다 053 • 은근히 말하되 확실히 알게 하라 058 • 되로 받았으면 말로 갚아주라 062 • 말과 외모만으로는 미치지 못한다 066 • 말에도 호연지기가 있다 070 • 반전의 한 마디로 감동을 배가시켜라 074 • 아는 사람은 말하지 않고 말하는 사람은 알지 못한다 078 •

## 제 3 편 知彼知己 지피지기
### 나를 알고 상대를 알면 백 번 대화해도 위태롭지 않다

같은 물음, 다른 대답 085 • 듣고 싶어 하는 이야기를 하라 089 • 상대의 눈높이와 마음을 헤아린다 093 • 진리는 하나여도, 적용은 사람에 따른다 097 • 상대가 귀하게 여기는 것을 주라 101 • 꼭 필요한 가르침을 담는다 105 • 장점을 먼저 꺼내고, 가진 것을 칭찬하라 109 • 답을 주지 말고 질문으로 유도하라 117 •

## 제 4 편 言語遊戱 언어유희
### 유머와 감성으로 통하라

질질 끌지 말고 유머로 끝내라 125 • 허황된 말에는 더 허황되게 129 • 어려울수록 해학을 잊지 않는다 133 • 교만한 자 보내는 법 137 • 여유 있게 기지를 발휘하라 141 •

## 제 5 편 寓話寓言 우화우언
### 이야기로써 풍자와 교훈을 전한다

권위 있는 자의 힘을 업어라 149 • 감정이입할 수 있는 스토리를 만들라 153 • 이미지로 간언하라 157 • 잘 아는 것으로 이야기하라 161 • 상징적으로 말해 호기심을 유발하라 165 •

## 제 6 편  以類而推 이류이추
### 비유와 인용을 활용한다

만인이 이해하는 언어로 통하라 171 • 비유로 깨닫게 한다 175 • 묶었다면 풀어주라 179 • 설득할 상대방의 말을 인용하라 184 • 한 걸음 물러서서 보게 하라 188 • 군자의 말을 인용한다 192 • 세상 모든 것이 스승이다 196 • 스스로 깨닫게 하라 200 •

## 제 7 편  以心傳心 이심전심
### 마음으로부터 마음으로 말한다

사사로운 이익보다 마음 한조각을 얻으라 207 • 통하는 건배사 211 • 명마보다 백락을 찾으라 215 • 꾸밈없이 진솔하게 격려한다 219 • 소리를 내지 않는 심중의 말이 들리는가 224 • 가슴을 뒤흔드는 한 수를 던져라 228 • 말이 아닌 것으로도 말할 수 있어야 한다 233 •

## 제 8 편  一針見血 일침견혈
### 한 방에 핵심을 찔러라

사람을 제대로 쓰는 자, 천하를 얻는다 239 • 큰일을 앞두고 작은 예의에 연연하지 마라 243 • 궁지를 타개하는 비장의 한 수 247 • 잘못을 간언하지 않는 것도 잘못이다 251 • 침묵으로 대답하다 255 • 군자는 자신이 맡은 바에서 벗어나지 않는다 259 • 다른 곳을 두드려 깨닫게 한다 263 •

## 먼저 실천하고 그 다음에 말하라

제 9 편
先行後言
선행후언

부하를 친구이자 스승으로 모셔라 269 • 말보다는 쇼를 하라 273 • 작은 징조도 허투루 보지 않는 통찰 277 • 먼저 행동으로 보여라 281 • 소신대로 행동하다 285 •

## 사람을 살리는 말, 망하게 하는 말

제10편
一言千金
일언천금

같은 말도 다르게 말하라 291 • 생명을 살리는 한 마디 295 • 긍정의 말은 힘이 있다 299 • 사람을 살리는 말을 하라 303 • 변명하지 마라 307 • 모든 패를 다 내보이지 마라 311 • 망하는 말 두 가지 315 • 간사한 자의 말을 판단하라 319 • 만장일치의 치명적인 위험을 경계하라 323 •

# 제1편 촌철살인 寸鐵殺人

: 단 한마디로 끝내라

寸　鐵　殺　人
단 한마디로 끝내라

## 마음을 헤아려주는
## 진심의 한 마디

공자가 광나라 땅에서 위험한 일을 당했을 때, 가장 아끼던 제자 안연이 사라졌다가 한참 후에 나타났다. 공자는 혹시 제자에게 무슨 일이 있지 않을까 염려하여 안절부절못하다가 제자를 보고는 안도의 숨을 내쉬며 말했다.
"나는 네가 죽은 줄 알았다."
그러자 안연이 대답했다.
"스승님이 계신데 어찌 제가 감히 죽겠습니까?"

• 《논어》 선진편 •

안연은 공자로부터 "거의 도를 터득했다"는 말을 들을 정도로 인정받는 제자였다. 공자는 "나는 안연이 나아가는 것만 보았지 멈춰서 있는 것을 보지 못했다"고 말하기도 했고, 심지어 "안연은 나를 능가한다"고까지 말했다. 하지만 안연은 교만하지 않았고 언제나 공자의 뒤편에 서서 자신을 낮춘 제자였다. 그랬기 때문에 공자로부터 그만큼 인정을 받을 수 있었을 것이다.

안연은 뛰어난 재능과 학식을 자랑했고, 도에 관해서도 높은 경지에 이르렀는데, 거기에 적재적소로 상대를 감동시킬 수 있는 말솜씨까지 뛰어났던 것 같다. 물론 여기서 말솜씨란 기술적으로 능수능란했다는 의미보다는, 진심이 담긴 말을 할 수 있는 능력을 일컫는다. 단순히 진심을 담아 말하는 차원을 넘어 상황에 따라 적절한 타이밍에 가장 적절한 말을 할 수 있는 능력까지 안연은 지니고 있었다. 이 능력을 한 마디로 이야기하면 '결정적인 순간에 결정적인 한 마디가 있다'라고 할 수 있을 것이다.

사랑하는 제자가 행방불명되었을 때 공자가 얼마나 속이 탔을지는 충분히 짐작할 수 있다. 단순히 3천 명 중의 한 명, 70제자 중의 하나가 아니라 가장 사랑하고 기대했던 수제자였기에 더욱 애타게 기다렸을 것이고, 제자가 다시 나타난 순간 그 기쁨은 말로 표현하기 어려웠을 것이다. 반가운 마음에 '나는 네가 죽은 줄 알았다'라고 탄식처럼 이야기했지만, 그 심중에는 '너는 결코 나를 버리고 먼저 죽어서는 안 된다'라는 생각이 있었을 것이다.

안연은 스승의 그 마음을 정확하게 읽었다. 그래서 대답한 것이 바로 "스승을 두고 제가 어찌 먼저 죽을 수 있겠습니까?"였다. 물론 우리가 잘 알다시피 안연은 그 약속을 지키지 못했다. 가난과 굶주림에 시달리다가 갓 서른을 넘어서 요절하고 말았다. 공자는 그의 죽음 앞에서 "하늘이 나를 버렸다"고 통곡했고, 그 이후에도 계속 제자를 그리워했다. 자신의 가르침을 가장 잘 실천한 제자였기에 가장 아쉬웠을 것이고, 자신의 마음을 가장 잘 알아주는 제자였기에 그 누구보다 마음이 무너졌을 것이다.

현대의 대화법에 TPO가 있다. Time(시간), Place(장소), Occasion(상황)에 따라 적절하게 말해야 한다는 이론이다. 때와 장소, 그리고 상황을 읽고 말할 수만 있어도 훌륭한 대화법을 구사하는 사람으로 충분히 인정받을 수 있다. 하지만 여기서 한 단계 더 나아간 진정한 '말'의 달인이 되고 싶다면 안연의 대화법을 익혀야 한다. 상대의 말과 함께 상대의 심중에 담긴 의미까지 제대로 읽고서 자신의 마음속의 말로 표현할 수 있어야 한다. 그럴 때 상대는 진심으로 감동을 하게 되고, 그 대화는 단지 기술적인 대화가 아니라 진심으로 소통하는 대화가 된다.

우리는 흔히 말을 잘한다고 하면, 듣기 좋은 말을 잘하고, 막힘없이 능수능란하게 이야기하는 능력으로 생각한다. 하지만 진심이 담겨 있지 않은 말은 아무리 화려해도 공허한 울림이 되고 만다. 꾸며서 하는 말에는 한계가 있기 마련이다. 말에는 진심이 담겨 있어야 한다. 그래야 듣는 사람의 마음을 움직인다.

또한 자신의 생각을 전달하는 데만 집중할 것이 아니라 상대의 생각을 읽을 수 있어야 한다. 상대방에게 관심을 기울이고 상대에게 집중할 때 그 사람의 마음을 움직이는 말을 할 수 있다. 얼마 전 상대방이 마음속으로 하는 말을 들을 수 있는 초능력을 가진 사람이 등장하는 드라마를 본 적이 있다. 그는 이 능력으로 상대를 제압하는 것은 물론 사랑도 쟁취한다. 우리는 이런 초능력을 갖지는 못하지만 최소한 상대에게 관심을 가지고 그의 생각을 읽으려는 노력은 해야 한다.

이런 노력의 첫 걸음은 항상 상대방의 입장에서 생각하고 행동하는 역지사지易地思之의 자세를 갖는 것이다. 오직 나에게만 집중하고 내 생각만 말한다면 사랑에서도 일에서도 승리할 수 없다.

말을 잘한다는 것, 그것은 화려한 말솜씨가 아니라 진심이 담긴 말, 상대방이 가장 듣고 싶은 말을 하는 것이다.

## 말로 마음을
## 어지럽혀라

초나라와 한나라가 전쟁으로 오랜 기간 서로 대치하면서 결판이 나지 못하자 군사들은 물론 백성들도 물자를 운반하고 전쟁을 지원하느라 지치게 되었다.

항우가 유방에게 제안했다.

"천하가 여러 해 동안 고통 받고 있는 것은 바로 우리 두 사람 때문이다. 나와 둘이서 결판을 내어 애꿎은 백성들이 더 이상 고통 받지 않도록 하자."

그러자 유방이 웃으며 대답했다.

"나는 머리로 싸우지 힘으로 싸우지 않는다."

• 《사기》 본기편 •

항우는 어느 모로 보나 유방과는 비교가 되지 않을 정도의 호걸이었다. 압도적인 군사력은 물론 무력으로 싸워도 유방은 그의 상대가 되지 않을 정도였다. 하지만 결과적으로 유방이 천하를 통일했고 항우는 비참한 최후를 맞게 된다. 역사적으로 가장 놀라운 역전승이라고 할 수 있는데, 과연 그 원인은 무엇이었을까?

항우가 우세에도 불구하고 패배한 것은 여러 가지 요인들이 있었고, 많은 학자들은 그 결정적인 차이를 리더십으로 보고 있다. 유방은 수하의 장수들보다 뛰어나지는 않았지만, 그들의 능력을 전적으로 믿고 그 장점을 뽑아 쓸 수 있는 능력이 있었다. 하지만 항우는 자신의 능력을 과신했으며 수하에 모여든 부하들을 믿지 못했다. 탁월한 장수였던 한신을 유방에게 빼앗겼고 최고의 전략가라고 할 수 있는 범증마저 유방의 이간책에 넘어가 잃고 말았다. 결국 수하에 쓸 만한 부하는 단 한 명도 남지 않게 되었다.

이런 결정적인 요인 외에 이들의 승패를 가른 또 하나의 원인은 위의 대화에서도 알 수 있다. 이 장면에서 유방은 큰 위기에 처하게 된다. 우선 무력으로는 항우를 이기기 어렵다는 점이다. 역발산의 힘을 가진 항우를 힘으로 이긴다는 것은 말이 안 되었다. 그런데 항우로부터 공개적으로 대결을 제안 받았으니 유방은 이러지도 저러

지도 못하는 상황에 처하게 되었다. 만약 이 자리를 모면한다면 적군은 물론 우리 편으로부터도 겁쟁이라는 비난을 받아 부하들의 사기에 큰 영향을 끼칠 수 있었다.

게다가 항우가 대결의 이유로 제시한 것이 바로 백성과 부하들의 안위였으니, 유방은 이 대결을 피하게 되면 백성과 부하를 사랑하지 않는 군주로 몰릴 수도 있는 진퇴양난에 처하게 되었다. 하지만 유방은 이 위기를 멋지게 벗어난다. '나는 머리로 싸우지 힘으로 싸우지 않는다'고 말함으로써 자신은 지략이 뛰어난 리더로, 항우는 힘자랑만 하는 무식한 리더로 만들어버린 것이다.

항우는 겉보기에는 남자답고 담대해 보이지만 자신의 감정에 휘둘리는 경우가 많았다. 하지만 유방은 냉철한 판단으로 중요한 순간에 상대의 평정심을 잃게 하는 말솜씨를 가지고 있었다. 항우가 이 대답을 듣고 얼마나 화가 났을지는 보지 않아도 잘 알 수 있다.

유방은 이 장면에 앞서 있었던 일에서도 항우의 마음을 뒤집어 놓았다. 유방의 아버지를 사로잡은 항우가 아버지를 삶아 죽이겠다고 위협하자 유방은 다음과 같이 대답했다.

"원래 우리는 형제가 되기로 약조했으니 나의 아비는 곧 당신의 아비와 같다. 아비를 기어이 삶아야겠거든 내게도 고깃국을 한 그릇 나눠주기 바란다."

항우는 결국 유방의 아버지를 죽이지 못했고 끝내 아무 것도 얻지 못하였다.

유방은 절체절명의 상황에서도 당황하지 않고, 상대의 기세를 죽이는 한 마디를 할 수 있는 능력을 가지고 있었던 것이다. 전력이 팽팽한 상황에서는 리더의 바로 이런 능력이 승패를 좌우하기도 한다. 상대의 기세를 죽이고 아군의 사기를 올리는 데는 리더의 역할만큼 중요한 것이 없다. 특히 상대편 리더의 기세를 누르고 평상심을 잃게 만들면 승리에 한 걸음 더 다가설 수 있는 기회가 된다.

급박한 상황에서 리더가 이처럼 전략적으로 말을 하기 위해서는 단순한 재치나 임기응변의 능력만으로는 부족하다. '말은 그 사람의 내면의 표현이다'라는 말이 있듯이 폭넓은 공부를 통해 다져놓은 탄탄한 내면에서 촌철살인의 표현이 나오는 것이다.

《춘추좌전》에는 "군자는 머리를 쓰고 소인은 힘을 쓴다"는 말이 실려 있다. 유방이 이 고전을 알고 인용했는지는 모른다. 하지만 분명한 것은 이런 중요한 순간에 결정적인 한 마디를 하려면 그 말을 할 수 있는 지식기반이 있어야 한다는 것이다. 평소에 고전에 있는 지혜를 공부하고 그 속에 있는 말들을 적재적소에 활용한다면 상대의 기세를 누르는 결정적인 한 마디로 사용할 수 있다.

# 극적인 반전을 만드는 역전의 한 수

한고조(유방)가 한신과 더불어 여러 장수들의 능력에 대해 이야기를 나누고 있었다. 먼저 고조가 물었다.

"나는 얼마나 되는 군사를 다룰 수 있겠소?"

"폐하께서는 잘해야 10만 명 정도의 군사를 거느릴 수 있습니다."

"경은 어떠하오?"

"신은 많으면 많을수록 좋습니다. 다다익선多多益善이지요."

고조가 비웃으며 말했다.

"그렇게 군사를 잘 거느린다면서 어떻게 사로잡혀 내 부하 노릇을 하고 있소?"

"폐하께서는 군사를 거느리는 데는 능하지 못하지만, 그 군사를 거느리는 장수를 다스리는 데는 능하십니다. 그리고 그 능력은 하늘이 주신 것인데 사람이 감히 어떻게 할 수 있겠습니까?"

• 《사기》 열전 •

참으로 놀라운 역전의 한 방이다. 고조는 신하인 한신이 '폐하는 10만 명밖에 군사를 다스리지 못한다'고 하면서 자신은 '군사가 많으면 많을수록 더 큰 능력을 발휘할 수 있다'고 말하는 것을 보고, 겉으로는 웃고 있지만 속으로는 울화통이 터졌을 것이다. 아마 얼마 전 유행했던 '내가 웃는 게 웃는 게 아니야'라는 노래와 같은 심정이었을지도 모른다.

'참으로 교만한 녀석이로다'라고 여기며 속으로 부글부글 화를 끓이던 순간, 한신이 던진 마지막 한 마디로 그동안의 섭섭함과 노여움이 거품처럼 사라지고 뜻밖의 희열을 느꼈음이 틀림없다. 우리가 흔히 하는 속된 말로 '노는 물이 다르다'는 말이 있다. 소위 격이 다르다는 말이고, 차원이 다르다는 말과 같은 뜻이다. 권투시합에서는 비슷한 몸무게를 지닌 사람들끼리 서로 시합을 하게 한다. 아무리 뛰어난 기술과 기량을 가진 선수라고 해도 자신의 체급보다 훨씬 무거운 선수를 이길 수는 없는 법이다.

한신은 이 원리를 말하고 있다. 자신과 고조는 소위 급이 다르기 때문에 비교조차 할 수 없다고 말하는 것이다. '자신은 군사를 다스리는 장군인 데 반해 유방은 그 장군을 다스리는 능력을 가졌기 때문에 동등하게 비교할 수 없다. 게다가 유방의 그 능력은 사람으로

부터 비롯된 것이 아니라 하늘에서 주어진 것인데 어느 누가 감히 어떻게 할 수 있겠는가?'

이 이상의 극찬은 없을 정도의 말이다.

한신은 한나라와 초나라의 제패전에서 주인공인 항우와 유방을 제외하고는 가장 중요한 인물이라고 할 수 있다. 그리고 그 두 사람의 승패를 가른 대표적인 인물인 만큼 그의 행적 역시 드라마틱하기 짝이 없다.

젊은 시절 불량배의 다리 사이를 기어간 일, 자신에게 밥을 챙겨 주는 아낙네에게 고맙다며 꼭 은혜를 갚겠다고 말했다가 '자기 밥벌이나 제대로 하라'는 핀잔을 받은 일, 항우에게서 도망쳐 유방에게로 갔던 일······. 유방에게도 인정을 받지 못해 또 도망을 치려고 했던 일도 있었다. 하지만 결국 유방에게 인정을 받아 장수가 된 다음 전쟁에서 가장 큰 공을 세우게 된다. 그래서 고조에 의해 연이어 제나라와 초나라의 왕으로 봉해졌지만 그 마지막은 실로 비참했다. "사냥개는 날랜 토끼가 사라지면 사냥꾼에게 삶기고 만다"는 뜻의 토사구팽兎死狗烹이라는 명언을 남기고 제거되었던 것이다.

그는 이처럼 드라마틱한 삶을 살았던 중국 역사상 가장 뛰어난 장수 중의 한 사람이었지만 말솜씨 역시 보통 뛰어난 것이 아니었다. 위의 장면에서 보듯이 황제를 자신의 손에 넣고 쥐락펴락했던 인물이었던 것이다. 만약 한신이 처음부터 "폐하, 장수의 종류는 여러 가지가 있는데…… 폐하는 장수를 다스리는 능력을 가지고 있습니다……" 등등의 말로 시작했다면 아마 이 때처럼 극적인 효과를 거두지는 못했을 것이다. 한신은 자신과 직접 비교하면서 자신은 높이고 고조의 능력은 낮춰 보듯이 하다가 최후의 순간에 결정적인 한 방을 터뜨려 최고로 극적인 순간을 연출할 수 있었다.

우리가 스포츠를 볼 때 가장 재미있고 스릴 넘치는 장면을 꼽으라면 뒤지고 있던 팀이 마지막 순간에 극적으로 역전하는 것이다. 특히 우리나라 대표팀이 월드컵이나 올림픽 같은 중요한 경기에서 강팀에 맞서 밀리다 극적으로 역전승을 거두면 우리는 정신을 잃을 정도로 열광한다. 바로 역전이 주는 짜릿함 때문이다. 대화에서도 이런 역전의 한 방은 스포츠 못지않은 짜릿한 묘미가 있다. 극적인 반전으로 상대를 일희일비하게 만드는 것이다.

물론 이러한 반전의 대화는 신중하게 사용해야 한다. 잘못해서 자신이 의도하는 말을 다 하지 못하거나, 대화를 계속하지 못할 상황이 되면 오히려 문제가 커질 수도 있다. 특히 공식적인 자리에서는 더더욱 이러한 대화법은 자제하는 것이 좋다. 만에 하나 대화를 끝까지 들을 수 없을 만큼 성질 급한 사람이 있거나, 흥분해서 이성적으로 판단하기 어려운 사람이 있게 되면 큰 불상사가 벌어질 수도 있다.

하지만 서로 마음이 통하고 있는 상사와 크게 부담이 없는 대화를 나눌 때 이런 대화법을 사용한다면 상대의 마음을 확실하게 잡을 수 있는 기회가 될 것이다. 상사는 처음에는 당연히 기분이 안 좋을 것이다. 교만하게 자신은 높이면서 상사를 낮추는 말에 기분 좋을 사람은 없다. 하지만 마지막 순간, 극적으로 자신을 높여주는 반전에 짜릿한 대화의 묘미를 느낄 것이다.

# 상대가 좋아하는 것으로
# 말하라

자로와 공자가 처음 만났을 때, 공자가 물었다.

"너는 무엇을 좋아하느냐?"

"저는 긴 칼을 좋아합니다." 자로가 대답하자, 공자가 말했다.

"내가 묻는 것은 그것이 아니다. 너는 네가 아는 것만 가지고 말하고 있는데, 그것에 배움을 더하면 감히 누가 따라올 수 있겠는가?"

"배움에 무슨 유익함이 있는지요?" 자로가 물었다.

"무릇 임금이라고 해도 간언해주는 신하가 없으면 올바르지 못하게 되고, 선비도 함께 배우고 서로 가르쳐주는 친구가 없으면 배운 것을 잃게 된다. 길들지 않은 말을 다루려면 손에서 채찍을 놓을 수가 없고, 활을 쏘려면 활 조종간에 따르지 않으면 안 된다. 나무가 먹줄을 따라야 반듯해지듯이 사람도 간하는 말을 받아들여야 비로소 반듯해지는 법이다. 학문에는 묻는 것이 중요한데 누가 감히 따르지 않겠느냐? 만약 어진 사람을 해치고 선비를 미워한다면 틀림없이 형벌을 면치 못할 것이다. 군자는 배우지 않으면 안 된다."

공자가 장황하게 대답했다.

그러자 자로가 또 대답했다.

"남산에 소나무는 잡아주지 않아도 반듯하게 자라고 그것을 잘라서 화살로 쓰면 물소의 가죽도 뚫을 수 있습니다. 이것으로 미루어 본다면 꼭 학문이 필요하겠는지요?"

공자가 대답했다.

"화살에 깃을 꽂고 앞쪽에는 촉을 갈아서 박는다면 그것이 얼마나 깊이 박히겠는가?"

결국 자로가 수긍하면서 대답했다.

"공경하여 가르침을 받겠습니다."

•《공자가어》•

천하의 불량배였던 자로가 처음 공자를 만나는 순간으로, 참으로 흥미진진한 장면이 아닐 수 없다. 공자는 자로를 가르쳐 바른 길로 인도하려고 하지만 자로는 공자를 따를 생각이 별로 없다. 그래서 공자가 시키려고 하는 공부라는 것이 무사 생활을 하는 데 무슨 소용이 있겠느냐며 조목조목 따지고 든다.

이 대화에서 흥미로운 사실을 하나 발견할 수 있다. 처음에 공자는 자로가 좋아하는 것이 무엇이냐고 물었다. 상대가 좋아하는 것이 무엇인지를 가장 먼저 파악했던 것이다. 공자가 "무엇을 좋아하느냐"고 묻자 자로는 자신이 가장 좋아하는 것은 긴 칼이라고 대답한다. 하기야 불량배 생활에서 제일 중요한 것이 남을 위협하고 나를 지키는 칼일 것이다. 꼭 칼을 빼서 싸우지 않더라도 칼이 있어야 '패션의 완성'이 되지 않겠는가?

공자는 그 말을 듣고 배움의 필요성을 역설하며, 배움은 임금에게도 선비에게도 꼭 필요하다는 말을 먼저 꺼낸다. 배움이 있고 간언하는 말을 들어야 누구든지 바른 길로 갈 수 있다는 말이다. 그 다음은 자로가 알기 쉽도록 말 다루는 법과 화살 쏘는 법을 통해 가르친다. 말을 다룰 때도 활을 쏠 때도 배움이 있어야 제대로 쓸 수 있다는 것이다.

공자가 예를 들며 차근차근 설명하지만 자로에게는 다른 것은 아무것도 귀에 들어오지 않는 것 같다. 아무리 선비니 임금이니 말해도 그것은 관심 밖의 일이다. 오직 자신이 잘하고 좋아하는 싸움이나 무사에 관련된 것만 들린다. '사람은 자신이 보고 싶은 것만 보고 듣고 싶은 것만 듣는다'는 말이 진리인 것이다.

자로는 자신이 잘 알고 있는 것에 빗대어 말대꾸를 한다. "화살을 만드는 소나무는 아무도 가르쳐주지 않아도 바르게 자라고, 그것을 잘라서 화살을 만들면 잘도 꽂힙니다. 그런데 골치 아픈 그놈의 공부가 무슨 소용이 있습니까?" 비록 시장바닥에서 노는 건달이지만 자신의 소신은 뚜렷하다.

그러자 공자는 확실한 한 마디로 마무리를 한다.

"그 화살 역시 뒤에 깃털을 꽂으면 더 힘 있게 날아갈 것이고, 앞에 화살촉을 박으면 더 깊이 꽂힐 것이다. 이것이 바로 배움의 힘이다!"

자로는 그제야 비로소 수긍을 하게 되었다. 자신이 잘하는 싸움을 위해서도 배움이 꼭 필요하듯이 사람다운 삶을 살아가는 데도 배움이 없어서는 안 된다는 것을 절감하고 공자를 따라나선 것이다. 자로는 이후 더디지만 꾸준한 배움을 얻어 훌륭한 공자의 제자가 된다. 그리고 인의와 도리에 맞는 삶을 위해 용감한 죽음을 맞게 된다. 만약 그 자신이 불량배 생활을 계속했다면 어느 저잣거리에서 싸움에 말려 죽었을지도 모른다. 하지만 배움을 통해 사람의 도리를 알았기에 나라에 쓰임을 받게 되고 의미 있는 죽음을 맞게 된 것이다.

물론 그 외에도 자로는 그 호방한 성격으로 말미암아 자칫 지루할 수도 있는 논어를 재미있게 꾸미는 데 중요한 역할을 했다. 쉴 새 없이 공자와 아옹다옹하면서 재미있는 장면을 연출해 우리를 웃게 한다.

공자가 자로를 설득하는 이 장면을 보면서 무슨 생각이 드는가? 앞서도 말했지만 사람들은 자신이 좋아하는 것, 자신의 관심사에 사로잡혀 있다. 사람을 설득하기 위해서 우리는 이것을 잘 활용할 수 있어야 한다. 설득하려는 상대의 관심사와 좋아하는 것을 미리 알고 그것을 활용하여 접근할 수 있어야 한다. 그래야 처음부터 그 사람의 관심과 흥미를 끌 수 있다. 그리고 그 다음은 상대가 잘 아는 것을 비유로 들어서 설명해야 한다. 아무리 좋은 말이라고 해도 사람들은 자신이 모르는 것을 이해하기는 어렵다.

# 스스로를 추천하라, 절묘한 방법으로

진나라가 조나라의 수도 한단을 포위하자 조나라는 초나라에 구원을 요청하는 사절로 평원군을 보내기로 했다.

평원군은 자신의 빈객 중에서 사절을 수행할 사람 스무 명을 정해 함께 가기로 했는데 열아홉 명밖에 찾지 못했다. 이런저런 능력을 갖춘 사람 열아홉 명을 뽑았지만 마지막 한 명을 채우지 못했던 것이다.

이 때 모수라는 빈객이 스스로를 추천하며 나섰다. 평원군은
"선생은 우리 집에 얼마나 있었소?"라고 물었고,
모수는 "3년"이라고 대답했다. 그러자 평원군이 이렇게 말했다.
"무릇 현명한 자의 처세는 주머니 속의 송곳이 금방 주머니를 뚫고 나오듯이 세상에 알려지는 법이요. 선생은 우리 집에 3년이나 있었지만 그 누구도 선생을 칭찬하지 않았고 나 역시 선생을 알지 못하오. 이번에는 도저히 선생과 함께 하지 못하겠소."
그러자 모수가 대답했다.

"저는 오늘 비로소 주머니 속에 넣어달라고 부탁하는 것입니다. 만약 진즉에 주머니 속에 들어 있었다면 송곳 끝이 아니라 송곳 자루까지 주머니 밖으로 나왔을 것입니다."

● 《사기》 열전 ●

이 고사는 '모수가 스스로 자신을 추천한다'는 모수자천毛遂自薦, '주머니 속의 송곳 끝이 튀어나오듯이 뛰어난 인물은 숨어 있어도 저절로 눈에 띄게 된다'는 뜻의 낭중지추囊中之錐라는 두 가지 고사성어의 유래가 되는 이야기다.

모수는 이 고사에서 스스로를 추천하는 한편 평원군의 사람 보는 눈이 없음을 은근히 나무라고 있다. '낭중지추'를 이야기하는 평원군에게 당신이 나를 알아보지 못해 주머니 속에 넣지를 않는데 어떻게 주머니를 뚫고 나올 수 있느냐는 반문이다. 대단한 자신감이다.

옛날 중국의 실권자들은 수많은 식객들을 집에 데리고 있었다. 식객들은 자신의 능력을 발휘할 기회를 잡으려는 것이었고, 실권자들은 그들 중에서 자신을 도와줄 인재를 찾는 상부상조의 관계를 이루고 있었다. 특히 실권자의 능력과 권세가 클수록 많은 식객이 모이게 되었으므로 그 당시 실권자들은 많은 수의 식객을 거느리는 것을 자랑으로 여겼고, 평원군 역시 천 명이 넘는 식객들을 거느리고 있었다.

그 식객들은 모두 잠재적인 경쟁자들이라고 할 수 있었다. 서로 실권자의 눈에 들기 위해 경쟁적으로 노력했기 때문에, 설혹 뛰어난 식객이 있다고 해서 그를 추천하기도 어려웠다. 자기 앞가림하기도 어려운 상황에서 다른 사람을 추천하고 말 것도 없는 것이었다.

이런 상황에서 식객들이 평원군의 눈에 띈다는 것은 사실 쉬운 일이 아니었다. 아무리 탁월한 능력과 재능을 가지고 있다 해도 그것을 발휘할 기회를 잡기는 보통 어려운 일이 아닐 수 없었다. 심지어 평원군과 마주칠 기회조차 잡기 어려웠을 것이다.

모수는 이런 상황에서 담대하게 자신을 나타내었다. 평원군이 자신을 알아주지 않는다고 탓하기 전에 담대하게 평원군을 만나 자신을 써줄 것을 요청한 것이다. 물론 이러한 자신감은 평소에 쌓아둔 탄탄한 실력과 능력이 뒷받침되기에 가능했다.

실제로 모수는 초나라에 도착하기도 전에 은근히 자신을 깔보던 19명의 빈객과 토론을 벌여 모두를 굴복시켜 버렸다. 결국 평원군과 함께 초나라 왕을 접견하러 단상에 올라가는 기회를 잡을 수 있었는데, 여기서도 그는 배짱 좋게 초나라 왕을 설득하여 초나라와 조나라가 서로 합종을 맺는 데 핵심적인 역할을 하게 된다.

평원군은 초나라와 합종을 맺는 데 성공하고 조나라로 돌아온 뒤 자신의 안목이 좁은 것을 한탄하며 다음과 같이 말했다.

"나는 두 번 다시는 선비를 고르려 하지 않겠다. 그동안 많으면 1천여 명, 적으면 1백 명 이상의 선비를 골랐고, 나 스스로는 단 한 명의 선비도 잃지 않았다고 자부를 했다. 하지만 모수 선생의 경우는 큰 실수를 하고 말았다. 모수 선생의 무기는 단 세치의 혀밖에 없었지만, 그 힘은 100만 대군보다 더 강력한 것이었다."

지도자의 능력 중에 가장 중요한 것은 뛰어난 능력을 갖춘 사람을 찾아 그 사람의 장점을 십분 활용하는 것이라고 한다. 이런 능력을 갖춘 지도자만이 조직을 발전시키고 키워나갈 수 있다. 하지만 아무리 부하를 보는 안목을 가진 지도자라고 해도 뛰어난 인재가 눈앞에 나타나지 않으면 등용할 수 없다. 그래서 뛰어난 지도자들은 천리마보다 훌륭한 감정사를 더 귀하게 여기듯이, 능력이 뛰어난 사람보다 다른 훌륭한 사람을 추천할 수 있는 사람에게 더 큰 가치를 부여했던 것이다.

지도자의 이런 능력을 역으로 말하면 뛰어난 능력을 갖춘 부하 역시 자신이 모시는 지도자가 자신을 알아보고 찾을 수 있도록 해야 한다는 말이기도 하다. 물론 지도자가 미리 자신을 알아보고 능력을 발휘하게 한다면 그것보다 좋은 일은 없을 것이다. 하지만 어차피 모두가 그런 기회를 잡을 수 있는 게 아니라면, 과감하게 자신을 드러낼 필요가 있다. 모수의 자신감처럼 담대하게 나설 수 있어야 하고, 절묘하게 자기를 추천하는 능력과 말솜씨 역시 필요하다.

# 말은 뜻을 전달하면
## 그만이다

초나라의 섭공 자고가 제나라의 사신으로 떠날 것을 명 받았다.
자고는 떠나기 전에 조언을 듣기 위해 공자를 찾았다.
"초 왕이 나를 사신으로 보내는 것은 사안이 매우 중요하기 때문일
것입니다. 제가 그 일을 잘 감당하지 못할까 걱정입니다."
공자는 신하로서 군주를 잘 보필하는 것이 당연한 의리이므로
자신의 안위를 걱정하지 말고 최선을 다해 사신의 일을 잘
감당하도록 노력해야 한다고 하며, 몇 가지 충고를 해준다.
그리고 결론적으로 다음의 말을 덧붙인다.
"인위적으로 꾸며서 제나라 군주에게 말할 필요가 없으며, 가장
좋은 것은 초나라 왕으로부터 받은 명을 그대로 좇는 것이다.
들은 대로 전하는 것이 뭐가 어렵겠는가?"

• 《장자》 •

사신으로서 맡은 역할을 잘하기 위해 여러 가지 생각을 하다 보면 미사여구로 상대방 군주의 마음을 끌고 싶은 욕심이 생긴다. 인지상정인 것이다. 하지만 교묘한 말과 치우친 말로 상대를 설득하려고 하면 가식적인 모습이 읽히게 된다. 또 핵심을 짚지 못하는 말은 상대를 지루하게 만든다. 결국 이러한 모습은 상대에게 신뢰를 얻지 못할 뿐 아니라 심할 경우 상대방의 분노를 살 수도 있다.

공자는 이 가르침을 주면서 《법언法言》에 있는 말을 인용하고 있다.

"군주의 말을 억지로 바꾸지 말고, 일을 억지로 이루려 하면 안 된다. 정도를 지나치면 넘치게 되는 법이다."

일을 이루기 위해서는 많은 노력이 필요하다. 하지만 모든 일은 정도를 지키는 범위 안에서 이루어져야 한다. 한번 정도를 벗어나 잘못되게 되면 그 일을 바로잡기는 매우 힘들어진다.

일은 물론이고 일상적인 삶에서도 커뮤니케이션이 주를 이루고 있고, 이 커뮤니케이션의 많은 부분은 상대방을 설득하는 것이라고 할 수 있다. 사람들은 상대방을 설득하기 위해 다양한 방법을 사용하게 되는데, 이 욕심이 지나쳐 무리한 방법을 동원하기도 한다. 특히 조직 안에서의 프레젠테이션이나 회사의 명으로 비즈니스 파트너를 설득하는 일은 나 자신은 물론이고 내가 속한 팀이나 회사의 미래를 좌우하기도 하는 중요한 일이다. 이 때 지나친 의욕으로 말을 꾸미려고 한다면 오히려 일을 그르칠 수가 있다. 물론 상대의 마음을 움직이기 위해 효과적인 기교를 동원하는 것은 꼭 필요하다. 하지만 그 기교가 지나치게 과장되거나 진실을 왜곡해서는 안 된다.

처음 사회에 나왔을 때는 말을 해야 할 상황에 많이 처하지만, 지위가 올라갈수록 보고를 듣고 판단을 해야 하는 경우가 점점 많아진다. 보고를 받을 때 말하는 사람을 유심히 살펴보면, 당당하고 자신이 있는 사람일수록 말이 짧고 간결하며 힘이 넘친다는 것을 알 수 있다. 뭔가 준비가 덜 되고 자신감이 없을 때에는 말에 힘이 없고 지루하게 중언부언한다. 자신감이 부족하고 준비가 덜 되었다는 것을 보여주는 것이다. 확실하게 준비가 되어 있고 자신감이 넘칠수록 말은 간결해진다.

《논어》위령공편에서 공자는 '사달이이의_辭達而已矣_'를 가르쳤다.

"말은 뜻을 전달하면 그만이다."

물론 공자가 본질만을 중요시하면서 겉모습을 소홀히 해도 된다고 가르치지는 않았다. 오히려 본질뿐 아니라 겉모습도 중요하다고 하면서 "본질이 겉모습을 누르면 거칠어지고, 겉모습이 본질을 누르면 겉치레가 된다"고 말하기도 했다. 본질과 겉모습의 균형 잡힌 조화를 중요시한 것이다. 하지만 우리는 본질보다는 겉모습에 집착하는 모습을 보일 때가 많다. 공자는 이것을 경계하고 있다.

모든 기교와 테크닉의 목적도 그 핵심은 뜻을 전달하는 것이다. 일단 핵심을 전달한 다음 아름답고 조화롭게 꾸며야 한다. 우리는 흔히 순서를 바꿔서 생각하는 경우가 많다. 뜻을 정확하게 전달하기에 앞서 기교와 테크닉이 말을 잘할 수 있는 모든 것이라고 생각한다. 그리고 그것을 배우기 위해 노력과 투자를 아끼지 않는다. 하지만 진정한 대화의 본질은 말을 전달하고 내 뜻을 설득하는 것이다. 말을 예쁘게 꾸미는 것은 그 다음이다.

잘못하면 뜻은 사라지고 기교와 테크닉만 남는 공허한 말이 될 수도 있다는 것을 명심하자.

# 자신 있는 사람은
# 말이 간결하다

제환공이 재상 관중에게 물었다.

"부에도 한계가 있는 것이요?"

관중이 대답했다.

"물의 한계는 우물의 물이 다 말라 없어진 경우를 말하고,
부는 스스로 만족했을 때가 한계입니다.
그럼에도 사람들이 스스로 만족하지 못해 패망하고 맙니다.
따라서 부에는 한계가 없다고 볼 수 있습니다."

• 《한비자》 •

제나라 환공과 관중은 가장 극적으로 만난 군주와 신하이다. 관중은 한때 환공의 반대편에 섰던 공주 규를 섬겼고, 환공을 활로 쏘아 죽이려고까지 했다. 하지만 절친한 친구였던 포숙의 도움으로 환공의 신하가 되었고, 춘추 시대 가장 뛰어난 재상으로 맹활약을 하며 환공을 춘추 5패로 만드는 데 크게 기여했다.

관중은 탁월한 신하였지만 그 자신이 부와 명예를 크게 탐하는 사람이었다. 그래서 공자는 관중의 패업에 대해서는 크게 평가하면서도 그의 비례非禮는 신랄하게 비판하였다. 관중의 탐욕은 아래의 고사에서 잘 드러난다.

관중은 "신은 은총은 받고 있습니다만 지위가 낮습니다"라고 환공에게 말해 그 시대 최고의 세력가들보다 더 높은 지위를 받게 된다. 또한 "지위는 높지만 가난합니다"라고 말해 엄청난 식읍(고대 중국에서 왕족, 공신, 대신들에게 공로에 대한 특별 보상으로 주는 영지)을 받게 된다. 또 "부자가 되었지만 군주와의 관계가 소원합니다"라는 말로 환공으로부터 '중보仲父(존경스러운 인물을 부르는 호칭)'라고 불리게 된다.

군주로부터의 신임과 자신의 탁월한 능력에 힘입어 관중은 자신의 탐욕을 채운 것이다. 나라를 잘 다스리는 능력과 열정은 있었지만 덕이 높고 청렴한 재상의 모습은 아니었다. 그래서 공자도 《논어》 팔일편에서 관중을 두고 '검소하지도 않았고, 예도 제대로 지키지 못했던 그릇이 작은 사람'이라고 평가했던 것이다.

하지만 부에 대한 위의 대화에서 관중은 환공에게 '부'에 대한 의문을 명쾌하게 설명하고 있다. 구구절절 길게 이야기한 것도 아니고 어려운 학설을 제시한 것도 아니지만 '부'에 대한 인간의 탐욕을 명쾌하게 설명했다. 자신이 부와 명예를 소중히 여기고 추구했기에 짧고 핵심적인 설명이 가능했는지도 모른다.

서양의 대화법 중에 'KISS 화법'이 있다. 풀어서 보면 'Keep It Short & Simple'이라고 한다. 짧고 명확하게 자신의 생각을 전달하라는 것이다. 하지만 제대로 이 'KISS 화법'을 구사하지 못하는 사람에게는 'Keep It Short, Stupid(짧게 해, 이 멍청이야!)'라고 질타하는 용도로 쓰이기도 한다. 지루하게 연설을 하는 레이건 대통령에게 낸시 여사가 'KISS'라는 단어가 적힌 쪽지를 건네준 일화가 있다. 기자들이 그 뜻을 묻자 낸시 여사는 'Keep It Short, Stupid!'라는 뜻이라고 대답했다고 한다.

KISS 화법을 잘 구사했던 대표적인 인물에는 얼마 전 고인이 된 스티브 잡스와 영화감독 스티븐 스필버그를 꼽을 수 있다.

스티브 잡스는 스탠퍼드 대학에서 했던 졸업 축하 연설 중에 'Stay hungry, Stay foolish(항상 갈망하라, 바보처럼 우직하라)'라는 말 한 마디로 자신의 긴 연설을 강력하게 마무리해 사람들의 마음을 움직였다. 스티븐 스필버그도 엄청난 폭우 속에서 행한 졸업식 축사에서 'Take the storm(폭풍을 이겨라)'이라는 단 한 마디로 청중들의 엄청난 박수를 이끌어내었다.

사람들 앞에서 말할 때 항상 짧고 강력하게 이야기해야 하는 것은 아니다. 하지만 어느 순간 짧고 강력한 한 마디로 승부수를 띄어 사람의 마음을 움직여야 할 때가 있다. 그것을 가능하게 하는 것은 풍부한 지식과 순발력이다. 진정한 전문가란 어려운 말로 자신의 지식을 자랑하는 사람이 아니라 쉽고 간결한 말로 간략하게 풀어낼 수 있는 사람이다.

사람을 설득하거나 어떤 사항을 설명해야 할 때 자신이 있고 확실하게 그 사항을 파악하고 있는 사람은 말이 짧고 간결하다. 핵심을 제대로 짚을 줄 알기 때문이다. 설명이 길고 중언부언하는 사람은 제대로 일을 파악하고 있지 못한 것이다. 자신감이 없기 때문에 구구절절 설명하며 말이 길어지는 것이다. GE의 전 CEO 잭 웰치는 이렇게 말했다. "자신 있는 사람만이 심플해질 수 있다."

먼저 제대로 알고 단순하게 설득하라. 단순함이 힘이다!

# 제2편 언중유골 言中有骨

: 평범한 말 속에 깊은 뜻을 담는다

言　中　有　骨
평범한 말 속에
깊은 뜻을 담는다

## 마음의 밝은 곳에서부터 시작하라

초나라의 장왕은 즉위한 지 3년이 지나도록 환락에 빠져
정사를 제대로 돌보지 않았다. 태자 시절 탁월한 능력을 보였던
인물이기에 신하들의 안타까운 마음은 더욱 컸다.
하지만 "감히 간언하는 자는 죽을 것이다"라는 방까지 붙여
신하들의 간언을 막았기에 누구도 함부로 나설 수가 없었다.
하루는 신하 오거가 왕에게 갑자기 수수께끼를 냈다.
"새 한 마리가 남쪽 언덕에 멈춰 서서는 3년 동안 날갯짓도 하지
않고 울지도 않습니다. 이 새의 이름은 무엇이라고 합니까?"
이 새가 자신을 지칭하고 있다는 것을 짐작한 왕은
이렇게 대답했다.
"3년 동안 날갯짓을 하지 않는 것은 장차 더 크게 날기 위함일 것이오,
지금은 비록 날지도 울지도 않지만 한 번 날면 더 높이 날아 하늘을
가릴 것이오, 한 번 울면 천하를 흔들어 사람들을 놀라게 할 것이오."

• 《한비자》 •

'삼년불비三年不飛'라는 유명한 고사이다.

장왕은 그 후에도 환락에 빠진 생활을 그치지 않았고 참다못한 소종이라는 신하가 나서서 한 번 더 직언을 한다. 결국 이 두 충성된 신하의 충언에 장왕은 마음을 고쳤고, 열심히 정사를 베풀어 천하를 제패하는 패왕 중의 한 사람이 될 수 있었다.

우리가 여기서 살펴볼 것은 장왕의 위대함이 아니라 왕을 설득하는 신하 오거의 현명함이다. 이 상황을 한번 그려보자.

만약 오거가 무턱대고 왕에게 뛰어 들어가 "지금 하고 있는 패악을 멈추고 바르게 정사를 돌보십시오"라고 직언을 했다면 이와 같은 결과를 얻지 못했을지도 모른다. 실제로 뒤에 간언을 했던 소종은 장왕으로부터 "죽고 싶으냐?"라는 협박 아닌 협박을 받기도 했으니 말이다.

윗사람들, 특히 최고 지도자들에게 직언을 하는 것은 멋있게 보일 수도 있고, 자신의 충성심을 증명하는 길이기도 하다. 하지만 역사적으로도 그렇지만 현실적으로도 해피엔딩으로 끝나지 않는 경우가 많다. 드라마를 제외하면 말이다. 그리고 이렇게 해서 설득에 실패하고 윗사람의 신임을 잃는다면, 자신은 물론 윗사람에게도 결코 이득이 되는 일이 아니다. 자신은 목숨을 잃고, 그 지도자는 충신을 잃게 되는 것이기 때문이다.

오나라의 충신 오자서의 경우가 그랬다. 그는 오나라가 부강하게 되는 데 핵심적인 역할을 하지만 오나라 왕 부차와 사이가 벌어져 결국 죽임을 당하고 만다. 하지만 오왕 역시 결국 월나라에게 망하게 되고, 오자서와 같은 충신을 죽인 자신의 행동을 후회하며 비참한 최후를 맞게 된다. 이것을 두고 역사가들은 오자서와 같은 충절은 자신의 이름을 높이는 데는 좋을지 몰라도 진정한 충신의 길은 아니라고 평가한다. 그래서 "충성스러운 간언이 받아들여지지 않으면 다투지 말고 뒤로 물러서라《장자》"고 하는 것이다.

내가 말하고자 하는 바가 아무리 옳고 바른 길이라고 하더라도 상대의 마음 상태에 따라 얼마든지 왜곡되게 받아들여질 수 있다. 그리고 상사 역시 희로애락의 감정을 지닌 사람인 것을 잊어서는 안 된다. 설사 부하가 말하는 것이 옳고 바른 길이며, 부하가 충성된 사람인 것을 알아도 당장 자신의 감정을 거스르고 싶지는 않은 것이다.

《근사록》에서는 "군주의 마음을 얻으려면 반드시 그 마음의 밝은 곳에서부터 시작해야 한다"라고 한다. 그래서 현명한 부하는 먼저 상사의 마음을 읽고 그 마음이 좋아하고 기뻐하는 것부터 시작한다. 먼저 군주가 좋아하는 것, 즐거워하는 것을 화제로 삼아 그의 마음을 여는 것이다.

이런 상황은 우리가 어린이들과 대화를 해보면 잘 알 수 있다. 하기 싫은 공부에 대해 이야기할 때는 딴청을 부리거나 다른 짓을 하다가도, 자기가 좋아하는 놀이를 화제로 삼으면 바짝 붙어서 눈을 반짝이는 모습을 보인다. 아이들의 이야기지만 사실 어른도 다르지 않다.

그리고 상대방에게 나의 생각과 의견을 이야기하려는 진정한 목적과 우선순위를 잘 알아야 한다. 상대를 설득하는 것은 나의 언변을 자랑하기 위한 것도 아니고 나의 충성심을 증명하기 위한 것도 아니다. 내 의견을 관철시켜 조직을 바른 길로 이끌어가도록 하는 것이 첫째 목적이다. 하지만 일상생활에서의 대화는 물론 조직에서 자기 의견을 표현해야 할 때를 떠올려보면 우리는 그 말의 진정한 목적을 잊을 때가 의외로 많다. 나의 의견이 받아들여지지 않으면 일단 화를 참지 못하고 감정에 치우쳐 내가 진정으로 얻고자 했던 것이 무엇인지조차 잊고 만다.

대화에서 분명히 알아야 할 것은 '내가 이기는 것'이 목적이 아니라 '내가 얻고 싶은 것을 얻는 것'이 목적이라는 것이다.

## 겸손한 말 속에
## 은근히 자신을 내세우다

공자가 자공에게 물었다.

"너와 안회 중에 누가 더 나으냐?"

자공이 대답했다.

"회는 하나를 들으면 열을 알지만, 저는 하나를 들으면 둘을 알 뿐입니다."

공자가 말했다.

"그보다 못하리라. 나와 네가 모두 그보다 못할 것이다."

• 《논어》 공야장 •

자공은 뛰어난 인물이기는 하지만 공자로부터는 크게 인정을 받지 못했던 인물이다. 그의 철학은 실용적이고 세속적인 데 치우쳐 있기 때문에 도와 덕, 그리고 인의예지를 추구하는 공자의 철학과는 다소 거리가 있었기 때문이다.

자공은 공자와 많은 대화를 나누었지만 별로 인정을 받은 적은 없었다. 예를 들어 공야장편을 보면 자공이 "저는 남이 저에게 하지 않았으면 하는 일을 저 역시 남에게 하지 않으려 합니다"라는 칭찬 받을 말을 했지만, 공자는 "사야, 그것은 네가 할 수 있는 일이 아니다"라는 말로 자공을 무안하게 만들기도 했다. "자신이 바라지 않는 것을 남에게 하지 않는다"는 것은 공자의 중심 사상 가운데 하나인 서恕이지만 자공은 그것을 하기에는 아직은 역부족이라고 깨우쳐준 것이다.

하지만 자공은 그 당시 성공을 추구하는 실권자들로부터는 오히려 공자보다 더 인정을 받기도 했다. 《논어》 자장편을 보면 노나라의 대부 손숙무숙이 대부들에게 "자공이 공자보다 더 현명하다"라고 말하는 장면이 나온다. 그때 자공은 "궁의 담에 비유하면 나의 담은 어깨 높이 정도이지만 스승의 담은 몇 길이나 되어 사람들은 그 담 안의 아름다움과 풍성함을 볼 수 없다. 아마 그 문을 찾아낸 사람도 드물 것이다"라고 말했다.

또 자신의 제자인 진자금이 "선생께서 겸손해서 그렇지 공자가 어찌 선생보다 더 현명하다고 할 수 있겠습니까?"라고 하자 "말을 신중하게 하라. 공자에게 미치지 못하는 것은 하늘에 사다리를 놓아 올라갈 수 없는 것과 같다"라고 말하기도 했다. 과연 언변의 달인답게 그 대답 역시 얼마나 아름답고 예술적인지 모른다.

보통 사람이었다면 사람들이 자신을 이렇게 높여줄 때 은근히 입가에 미소를 지으며 교만한 마음을 품었을 법도 하다. 하지만 자공은 자신과 스승인 공자와의 차이를 정확하게 알고 있었다. 자공은 한편으로 도와 덕을 쌓아서 공자에게 인정을 받고 싶은 열망이 컸지만, 그와 동시에 자신의 한계를 스스로 알고 스승의 위대함을 충실하게 따랐던 사람이다.

위의 말을 보면 자공의 말은 겸손하기 짝이 없다. "내가 둘을 알면 안회가 셋이나 넷을 안다"는 정도가 아니라 "나는 둘을 아는데 안회는 열을 안다"고 화끈하게 그 차이를 인정하고 있다. 공자는 자부심이 강한 자공이 이렇게 겸손하게 굽히는 모습이 좋았을 것이고, 자신이 인정하고 있는 수제자 안회를 높이는 모습이 좋았을 것이다.

그래서 자공은 오랜만에 스승으로부터 인정을 받는다. 자신을 낮추고 안회를 높이는 겸손한 말로 공자에게 인정을 받은 것이다. 하지만 자공의 입장에서 보면 씁쓸한 기분이 들 수도 있었을 것이다.

공자는 그 마음도 어루만져 준다. 스승인 자신조차도 안회에게는 못 미친다고 말함으로써 자공에게 위안이 되도록 한 것이다.

하지만 자공의 말을 잘 들어보면 무조건 겸손한 것만은 아니다. 보통 사람들은 하나를 들으면 하나를 알고, 부족한 사람은 하나를 들어도 하나도 건지지 못한다. 하나를 알려주었을 때 둘을 안다는 것은 보통 사람의 경지를 넘어서는 것이다. 물론 이 기준은 공자의 기준에는 미치지 못한다. 공자는 술이편에서 "하나를 들어 알려줄 때 셋을 미루어 알지 못하면 더 반복해서 가르쳐주지 않는다"고 말했으니 둘을 아는 자공은 공자의 기준에도 미치지 못했을 것이다. 하지만 공자는 이처럼 자신을 확실하게 낮춘 자공이 오랜만에 마음에 들었을 것이다.

누군가로부터 다른 사람에 대해 평가를 해보라는 부탁을 받았을 때, 만약 그 사람이 뛰어나고 장점이 있는 사람이라면 과감하게 인정을 하는 것이 좋다. 공연한 자존심이나 경쟁심으로 머뭇거린다면 속 좁은 사람으로 비춰질 수도 있다. 하지만 자기 자신에 대한 평가가 무조건 겸손하기만 한 것도 바람직하지 않다. 겸손한 모습은 좋지만 자신감이 없고 미래에 대한 비전이 없는 사람으로 비춰질 수도 있다. 만약 지나치게 되면 사람들로부터 비굴한 모습으로 비춰질 수도 있다.

겸손한 가운데 자신을 내세울 수 있는 당당함이 필요하다. 표 나지 않게, 드러나지 않게 자연스럽게 자신을 높여 말할 수 있는 능력을 갖추어야 한다.

## 은근히 말하되
## 확실히 알게 하라

제자인 자로가 공자에게 물었다.

"스승님께서 대군을 통솔하신다면 누구와 함께 하시겠습니까?"

공자가 대답했다.

"맨손으로 호랑이를 잡고 맨몸으로 황하를 건너다가 죽어도
후회하지 않는 사람과 나는 함께 하지 않겠다.
반드시 일을 신중하게 하고 계획을 잘 세워 일을 이루어내는 사람과
함께 하겠다."

• 《논어》 술이편 •

자로는 공자의 제자 중에서 가장 용맹스럽고 걸출한 사람이었다. 그는 공자를 만나기 전에 불량배처럼 살았을 뿐 아니라, 공자의 제자가 되기 전에는 공자에게 함부로 굴고 포악한 짓도 서슴지 않은 사람이었다. 공자의 제자가 된 후에는 충직하게 공자를 따랐지만 사람의 본성을 바꾸기는 쉽지 않아 예전의 성격을 완전히 버리지는 못했다. 그래서 공자는 때때로 옛 모습이 나오는 자로에게 항상 좀 더 신중하게 처신할 것을 가르쳤다.

　공자는 사람들에게 "자로는 용기에서는 나를 앞서지만 그것을 제대로 사용할 줄은 모른다. 자로와 같이 강직한 성품에 용맹이 지나친 사람은 제 명에 죽기 어렵다"라고 말하기도 했다.

　실제로 자로는 괴외가 반란을 일으켰을 때 그것을 바로잡기 위해 스스로 반란 현장에 갔다가 죽임을 당하고 만다. 공자가 예측한 대로 공자의 또 다른 제자였던 자고는 그 자리를 피해 살았지만, 자로는 잘못된 것을 바로잡기 위해 뛰어들었다가 죽음을 맞은 것이다. 그 때 죽음을 앞두고 끊어진 갓끈을 다시 묶고 죽었다는 일화는 유명하다. "군자는 죽더라도 갓을 벗지 않는다"라고 말하며 공자의 가르침을 끝까지 지키려 했던 것이다.

　공자는 이와 같은 자로의 성품을 알고 있었기에 언제나 신중할 것을 가르쳤다. 자로는 스승을 존경하고 따랐지만 불쑥불쑥 튀어나오는 자신의 성품은 어쩔 수 없었던 모양이다. 위의 대화에서 자로는 자신의 용맹함을 과시하고, 스승의 칭찬을 얻고 싶었을 것이다. 한편으로 수제자 안연에 대한 질투심도 조금은 있었을 것이다. 그것은 자로가 했던 질문에 앞서 공자가 안연을 칭찬하는 장면이 있었던 것을 보면 잘 알 수 있다.

"나라에서 써 주면 일을 하고 관직에서 물러나면 숨어 지내는 것, 오직 너와 나만이 이런 뜻을 가지고 있다." 공자가 제자인 안연을 자신과 동격으로 인정하는 극도의 칭찬이었다. 바로 옆에서 이런 칭찬을 듣고 자로는 샘이 났을 것이다. 그래서 안연이 도저히 따라올 수 없는, 자신의 가장 큰 자랑이자 능력이라고 자부하는 '용기'와 '강직함'을 내세워 공자에게 이 질문을 했고, 당연히 "용맹한 너와 함께 할 것이다"라는 스승의 대답을 예상하고 기대했다.

하지만 공자는 자로가 기대했던 그 대답은 하지 않고 은근히 돌려서 말을 했다. 콕 찍어서 자로를 두고 말하지는 않았지만 누가 들어도 '자로'를 두고 말한 것임을 알도록 했다. 죽음도 두려워하지 않고 제대로 된 계획도 없이 용기만 앞세우는 사람은 자로밖에 없음을 자로도 알고, 다른 모든 제자도 안다. 결국 자로를 언급하기는 했지만 직접적으로 자로를 콕 집어 거론하지 않았기 때문에 최소한의 자존심은 지켜준 것이다.

아마 공자는 평상시에 자로가 이런 질문을 했다면 직접적으로 꾸짖었을지도 모른다. 하지만 안연을 샘내는 마음과, 스승은 당연히 자신과 함께 할 것이라고 예상하고 기대하는 그 마음을 고려하여 은근히 돌려서 대답을 했을 것이다. 제자가 마음의 상처를 입지 않도록 배려한 것이다. 옆에 다른 제자 안연이 있었기에 공자는 더욱 조심스러웠는지도 모른다.

질문을 하는 상대가 은근히 긍정적인 대답을 기대하면서 질문을 해 올 때가 있다. 이런 때 상대방의 기대와 전혀 다른 답을 직접적으로 이야기하게 되면 그는 상처를 받기 쉽다. 만약 옆에 다른 듣는 이라도 있다면 그 질문을 한 사람에게는 치명상이 될 수도 있다. 그렇다고 해서 그 자리에서 듣기 좋은 말만 하는 것도 상대방에게 아무런 교훈을 주지 못하게 되니 바람직하다고 할 수 없다.

이럴 때는 은근히 말을 돌리면서도 정확하게 그 뜻을 알도록 말해야 한다. 말을 회피해서도 안 되고 거짓을 말해서도 안 되는 것이다.

그래서 공자는 "인仁한 사람은 말을 신중하게 한다"라고 했다. 신중하게 상대를 살펴 상처를 받지 않도록 말을 하되, 분명한 가르침을 담아 자연스럽게 깨달을 수 있게 해야 한다.

## 되로 받았으면
## 말로 갚아주라

안자가 사신으로 초나라에 가게 되자 초나라 왕이 계책을 꾸몄다. 부하를 시켜 자신이 안자를 만나고 있을 때 결박한 죄인을 앞으로 지나가게 했다. 그리고 자신이 그 죄인의 죄목을 물을 때 '안자의 나라인 제나라 사람'이라고 대답하도록 시켰다.
계획한 대로 초나라 왕과 안자가 만나고 있을 때 결박한 죄인이 지나가자 초나라 왕이 물었다.
"그 죄인은 무슨 까닭으로 그렇게 된 것인가?"
죄인을 끌고 가던 관리가 시킨 대로 대답했다.
"이 자는 제나라 사람인데 도둑질을 하다가 붙잡혔습니다."
왕이 안자에게 비웃는 표정으로 물었다.
"귀국 제나라 사람들은 모두 도둑질에 능한가 봅니다."
안자가 대답했다.
"제가 듣기로 귤나무가 회수 남쪽에 있으면 귤이 열리지만, 회수 북쪽에서 자라게 되면 탱자가 열린다고 합니다.

그 이유는 물과 흙의 풍토가 다르기 때문이지요. 저희 제나라 백성이 제나라에서 태어나 자랄 때는 도둑질이라고는 몰랐습니다. 하지만 초나라에 건너오면 모두 도둑질을 하게 되니 초나라 풍토가 도둑질을 하게 만드는 것은 아닌지요?"

• 《안자춘추》 •

환경의 중요성을 뜻하는 '귤화위지橘化爲枳', 강남의 귤을 강북에 심으면 탱자가 된다는 고사의 유래가 되는 이야기다. 안자는 습관과 환경의 중요성에 대해 깊은 이해를 가지고 있는 학자로 그와 관련한 이야기를 많이 남겼다. 그 중 공자의 제자였던 증자와의 일화이다.

손님으로 왔던 증자가 떠나려 하자 안자는 선물로 수레를 원하는지 좋은 말 한 마디를 해주기를 원하는지 묻는다. 증자가 군자답게 좋은 말 한 마디를 해줄 것을 부탁하자 안자는 '습속이성習俗異性'이라는 말을 해준다. '습속이성'이란 습관과 환경은 사람의 본성까지 바꾸어 놓는 힘이 있으므로 좋은 친구, 좋은 환경을 선택하여야 한다는 뜻의 이야기다. '좋은 주거지를 택하는 것은 선비와 이웃하기 위함이요, 좋은 선비와 이웃하는 것은 환난을 피하기 위함이다'라고 말하며 근신할 것을 당부한 것이다.

안자는 키가 작고 외모가 볼품이 없었지만 훌륭한 인품과 뛰어난 언변을 지닌 것으로 유명했다. 특히 위의 고사 외에도 초나라에 사신으로 와서 초나라 왕과 있었던 재미있는 일화들이 많다. 초나라와 제나라는 춘추전국시대의 강대국으로 앞서거니 뒤서거니 하며 중원의 패권을 다투던 나라였다. 그래서 그 두 나라 사이에는 동맹과 견제, 그리고 전쟁이 끊이지 않았고, 그에 따라 수많은 일화들이 남아 있다. 그 하나를 들어보자.

초나라 왕이 안자의 키가 작고 볼품이 없는 것을 골리기 위해 대문이 아니라 그 옆에 붙어 있는 쪽문으로 안자를 안내토록 했다. 안자는 그곳으로 들어가기를 거부하며 다음과 같이 말한다.

"개의 나라에 온 사신은 개구멍으로 들어가지만 나는 초나라에 사신으로 온 만큼 이 문으로 들어갈 수 없다"고 질타한다. 또 초왕이 "귀하처럼 작은 사람을 사신으로 보낸 것을 보니 제나라에는 사람이 정말 없는가 봅니다"라고 하자 안자는, "우리 제나라는 사신의 임무를 맡길 때 그 나라의 왕에 맞추어 합니다. 상대 국가의 왕이 어질면 어진 사람을 뽑아서 보내고 만약 불초하면 불초한 사람을 보내지요. 그래서 귀국에는 제나라에서 가장 불초한 제가 오게 되었습니다."

이 두 사람의 대화를 보면 초나라 왕은 안자를 골려주기 위해 언제나 먼저 공격을 한다. 하지만 초나라 왕은 언제나 안자에게 골탕을 먹고 만다. 안자는 마치 만화영화 〈톰과 제리〉에서 고양이 톰을 놀리던 제리처럼 항상 초나라 왕을 꼼짝 못하게 만드는 것이다. 그렇다고 해서 안자가 특별히 새로운 공격을 한 것이 아니다. 초나라 왕이 했던 공격을 그대로 되받아치는 방식을 취하고 있다. 한마디로 말해 '되로 받고 말로 갚는 방식'인 것이다.

물론 지위와 권력으로 따지면 사신의 자격인 안자와 강대국 초나라의 왕은 도저히 비교할 수 없는 상대이다. 또한 사신으로 방문한 나라의 왕에게 함부로 대하면 외교적으로 큰 문제가 될 수도 있다. 하지만 안자는 특별히 결례를 범하지 않으면서 상대를 꼼짝 못하게 만들었다. 상대가 했던 말을 그대로 받아서 공격을 했기에 큰 문제없이 상황을 정리할 수 있었던 것이다.

안자는 탁월한 재상이었지만 그 말재주 역시 훌륭했다. 상황에 따라 올곧은 말, 아름답고 지혜로운 말, 그리고 재미있는 말로써 상대방의 마음을 사로잡았다. 하지만 상대방이 말로 도발하거나 공격을 할 경우는 그대로 참지 않았다. 몇 배 더 강력한 반격으로 상대의 말문을 막아버렸다.

상대가 의도적으로 자극을 할 때 당황하거나 감정적으로 반응해서는 십중팔구 상대의 의도에 말리게 된다. 그 때는 평소보다 더 차분하고 냉정하게 대처할 수 있어야 한다. 특별히 새로운 것을 찾아서 대응하려고 하지 말고, 상대가 했던 말을 역이용해서 반격한다면 가장 효과적으로 대처할 수 있다.

# 말과 외모만으로는
# 미치지 못한다

공자의 제자 중 담대자우는 군자다운 얼굴을 가졌지만 행실은
그에 걸맞지 않았고, 재아는 훌륭한 말솜씨를 가졌지만
지혜는 그에 미치지 못했다.
공자가 말했다.
"옛말에 '말을 알려면 수레를 몰아보게 해야 하고, 선비를 알려면 그
생활을 살펴보아야 한다'고 했다. 이 원리는 없앨 수 없다. 얼굴을
보고 사람을 쓰면 자우와 같은 경우로 실수할 수 있고, 말솜씨를 보고
사람을 쓰면 재아와 같은 사람을 만날 수 있다."
공자는 이어서 말했다.
"군자는 자신이 능하지 못하기 때문에 남을 두려워하고, 소인은
자신의 부족함 때문에 남을 믿지 않는다. 그러므로 군자는 사람의
재능을 키워주지만 소인은 남을 눌러서 이기려고 하는 것이다."

• 《공자가어》 •

타고난 외모나 말솜씨는 세상을 살아가는 데 엄청난 장점으로 작용한다. 다른 사람들에게 신뢰를 주며 같은 말을 해도 훨씬 더 설득력을 갖게 된다. 그래서 주위에 사람이 모이게 되고 성공도 거둘 수 있다. 하지만 아무리 좋은 외모와 말솜씨를 가졌어도 내면의 깊이와 실속이 따르지 못하는 경우는 소용없다. 그런 사람들은 언젠가 자신의 깊이가 드러나게 되고, 사람들의 실망감은 훨씬 더 커지게 마련이다.

얼마 전 있었던 청와대 대변인의 국제적인 추태나 말 잘하는 기술로 사람들에게 선풍적인 인기를 끌었던 사람이 논문표절 문제로 인하여 추락했던 사건이 바로 이와 같은 경우이다. 청와대 대변인은 물론 인기 말하기 강사는 우리나라에서 대표적으로 말을 잘하는 사람들이다. 하지만 이들은 말솜씨에 비해 그것을 받쳐주는 내면의 충실함과 올바름에서는 부족함이 있었던 것 같다.

공자의 시대에도 이처럼 능란한 말과 외모만을 내세우는 풍토가 있었다. 그래서 공자는 "축타와 같은 말재주와 송조와 같은 미모가 없다면 요즘 세상에서 화를 면하기 어려울 것이다"라고 말하기도 했다. 공자는 제자들의 장점은 크게 칭찬을 했지만 그 부족함에 있어서는 통렬하게 지적을 했던 스승이다. 그것은 제자를 억압하기 위해서가 아니라 제자의 성장과 발전을 원하는 염원이 컸기 때문이다.

특히 이 고사에서 언급되는 재아는 공자에게 여러 번 지적을 받았다. 뛰어난 말솜씨를 따라가지 못하는 행동 때문이었다. (담대자우의 경우 여기서는 혹독하게 지적을 받지만 《논어》의 옹야편 공자와 제자 자유의 대화에서는 훌륭한 인재로 인정을 받아 여기서 소개하는 것과는 차이가 있다. 그리고 《사기》에서는 그가 못생긴 외모로 인해 공자로부터 인정을 받지 못했지만, 나중에 뛰어난 인격과 능력을 보여 공자가 외모로 사람을 평가한 자신의 잘못을 한탄했다고 나온다. 정반대의 이야기로 뭔가 착오가 있었던 것 같다.)

공자는 재아('재아'는 자이고 '재여'는 그의 이름이다)를 두고 《논어》 공야장편에서 다음과 같이 이야기한다. "썩은 나무에는 조각할 수 없고 더러운 담장에는 덧칠을 할 수 없다"고 말하며 "말과 행동이 다른 사람은 꾸짖을 필요조차도 없다"고 지적하였다. 그리고 이어지는 말로 "전에 나는 사람을 대할 때 그의 말을 듣고 행실도 그와 같을 것이라고 믿었지만 이제는 재아로 인하여 사람의 행동을 살핀 다음에야 믿게 됐다"고 말했다. 가혹할 정도로 엄격한 꾸짖음이다.

재아는 팔일편에서도 공자로부터 말에 대한 지적을 받았.

노나라의 애공이 재아에게 사직단에 심은 나무에 대하여 묻자 재아는 잘 모르면서도 그럴듯하게 대답하였다. 이 말을 전해들은 공자는 한숨을 쉬며, "이미 저지른 일은 논란하지 않고, 이미 이루어진 일이라 따질 수 없으며, 지나간 일이라 탓할 수도 없다"라고 하며 아예 포기를 하기도 했다.

    오늘날은 겉으로 드러나는 말과 외모가 지배하는 세상이 되었다. 사람들은 말을 잘하기 위해, 아름다운 외모를 갖기 위해 투자를 아끼지 않는다. 말하기 학원, 프레젠테이션 학원이 성업 중이고, 강남에는 수술로 외모를 한 방에 해결해주는 성형외과가 한 집 건너 한 집씩일 정도이다.
    그런데 과연 이렇게 외적인 조건에 치우친 노력이 오래도록 빛을 발할 수 있을까? 공자는 "겉과 속이 잘 어울려 조화를 이루어야 군자다운 것이다"라고 말했다. 외모와 말솜씨를 키우는 노력과 함께 내면을 채우는 노력도 병행해야 한다. 항상 겸손한 자세로 다른 사람들로부터 배우려 하고, 다른 사람의 재능을 키워 함께 성장하려는 자세를 견지해야 할 것이다.

## 말에도
## 호연지기가 있다

초나라 공왕이 사냥을 나갔다가 활을 잃어버렸다. 신하들이 나서서 찾으려 하자 그는 이렇게 말하며 만류했다.

"그만두어라. 어차피 초나라 사람이 주을 것인데 뭣하러 찾겠는가?"

훗날 이 말을 들은 공자는 이렇게 말했다.

"그 말에서 '초나라'를 빼면 어떨까. '사람이 잃어버린 것을 사람이 주울 것이다'라고 하면 더 훌륭했을 것이다."

•《공자가어》•

활을 잃어버린 초나라 공왕의 호연지기가 놀랍다. 어차피 초나라 땅에서 잃어버린 것을 초나라 사람이 주어서 요긴하게 쓸 것인데 굳이 찾으려 애쓸 필요가 없다는 말이다. 그 말을 들은 신하들이 공왕의 도량이 매우 넓고 크다고 칭송했다. 하지만 훗날 공자는 굳이 초나라로 한정할 것이 아니라 어느 나라 사람이든 사람이 주어서 쓰면 더 좋았을 것이라고 말한다. 더 크고 넓은 경지를 이야기하고 있는 것이다.

공자의 이 생각은 초나라 공왕의 차원을 넘어선다. 초나라 공왕의 생각이 자신이 다스리는 나라에 한정되어 있다면 공자의 생각은 나라라는 경계를 넘어선다. 공자는 나라의 경계를 넘어 보편적인 인간의 이익이라는 경지를 말하고 있는 것이다.

위의 고사는 《공자가어》, 《설원》을 비롯하여 《여씨춘추》에도 실려 있다. 《여씨춘추》에는 여기서 한 발 더 나아가 새로운 인물이 등장한다. 도가의 대표적인 인물인 노자의 사상까지 소개하고 있는 것이다. 노자는 이 말을 듣고 "공자의 말에서 '사람'을 빼는 것이 더 좋겠다"라고 말했다. 노자의 생각은 공자가 말하는 '사람'의 한계를 넘어서 세상 전체를 함께 묶는 것으로, 공자의 사상보다 더 의미가 크다고 할 수 있다. 노자는 온 세상을 품고 있지만 그 소유를 아무도 주장하지 않는 천지의 이치를 말하고 있는 것이다.

　사람의 한계를 넘어 온 천지를 어우르는 노자의 사상은 우리 보통 사람들에게는 벅찬 것이 아닐 수 없다. 아니 그 차원을 생각하기도 어려울 정도라고 할 수 있다. 오늘날 우리의 모습은 어떤가? 물질에 집착하고 남보다 더 가지려고 다투고 싸우며 내 것에만 집착하고 있다. 나라의 경계 안에서 소유에 자유로웠던 초나라 공왕, 사람이라는 경계 안에서 더 넓고 보편적인 이익을 생각했던 공자의 모습조차 우리는 꿈꾸기 어렵다.

　여기서 우리는 '말'이라는 차원에서 이 고사를 생각해볼 필요가 있다. 여기서 보면 사람의 크기에 따라서 '말의 크기'와 '말이 담고 있는 의미'가 점차 확대되어 나가는 것을 알 수 있다. 호방한 꿈을 가지고 있는 사람은 그 말이 자신의 꿈을 닮아 호방해진다. 하지만 눈앞의 일에 집착하고 자신의 이익만을 챙기는 사람의 말 역시 그 사람을 닮아 편협해진다.

　작가 루이스 헤이는 '마음으로 생각하거나 입으로 말하면 이루어진다'고 말했다. '말'은 다른 사람에게 하는 것이나 혼잣말이거나 모두 자신의 생각을 밖으로 선포하는 의미가 있다. 일단 말을 하면 생각이 세상을 향해 선포되는 것이고, 우리의 무의식은 그것을 이루기 위해 노력하게 되므로 자신이 말한 것은 결국 이루어진다는 것이다. 대수롭지 않게 여기기 쉬운 말 한 마디에도 호연지기를 담는 습관을 기르도록 노력해야 하는 이유다. 입으로는 매일 부정적이거나 위축된 말, 소극적인 말을 하면서 큰 꿈을 이루기를 기대할 수는 없다. 그 사람이 하는 말을 들어보면 그 사람이 어떤 사람인지를 알 수 있다고 한다. 그 사람이 미래에 어떤 사람이 될지도 예측할 수 있다. 그것이 말의 힘이다.

물론 실천은 하나도 하지 않으면서 말만 앞세운다면 그 말은 허풍이 되고 만다. '지행합일$^{知行合一}$'의 정신으로 내면의 깊이를 키워나가면서 그 내면의 깊이에 걸맞은 말을 해야 하겠다.

# 반전의 한 마디로
# 감동을 배가시켜라

경공이 안자에게 물었다.

"충신의 왕 섬김은 어때야 합니까?"

안자가 대답했다. "왕이 난을 당해도 따라 죽지 않으며, 왕이 망명할 때에 전송조차 하지 않는 것입니다."

경공이 불쾌한 마음을 감추지 못하고 그 이유를 묻자 안자가 대답했다. "신하가 좋은 의견을 내놓아 그 의견이 채택되었다면 평생 난을 당할 일이 없으니 신하로서 죽을 일이 없을 것입니다. 또 좋은 모책을 내놓아 그것이 채택된다면 평생 도망갈 일이 없는데 어떻게 왕을 전송할 일이 있겠습니까? 만약 좋은 의견을 내놓았는데도 채택이 되지 않아 난이 발생하여 죽는다면 그 죽음은 허망한 것입니다. 또 좋은 모책이 채택되지 않아 도망칠 일이 생겨 왕을 전송한다면 이 역시 신하로서 왕을 제대로 섬기지 못한 것이지요. 무릇 충신이란 왕에게 오직 좋은 것만 드리는 자이지 왕과 함께 위난에 빠지는 자가 아닙니다."

• 《안자춘추》•

경공이 처음 안자의 말을 들었을 때 보통 괘씸한 일이 아니었을 것이다. 자신이 안자를 사랑하여 땅도 나누어주고 재상의 자리에 앉혀 주었는데, 배은망덕한 대답을 한다고 생각했을지도 모른다. 경공이 안자에게 기대했던 말은 '왕을 위해 목숨을 바쳐도 좋다'는 의지의 표명이었을 것이다.

하지만 안자는 생각이 달랐던 것 같다. 너무나 뻔하고 당연한 질문에 구구절절 뻔한 대답을 하기보다는, 반전을 통해 왕에게 확실한 깨달음을 주기 원했다. 안자의 생각은 이랬다.

'만약 신하가 왕을 제대로 보필하지 못해 왕이 죽거나 망명을 가야 한다면 그 신하는 충신이 될 자격이 없다. 따라서 왕이 죽을 때 따라 죽거나, 망명을 떠날 때 아무리 눈물을 흘리며 전송을 한다고 해도 충신이 될 수 없다.'

안자의 생각대로라면 왕이 위험에 빠진다면 왕을 잘못 보필한 신하는 충신의 자격이 없는 것이다. 진정한 충신이라면 애초에 왕이 위험에 빠질 일이 없도록 왕을 보필해야 하기 때문이다.

한편 안자는 충신의 자격을 이야기하면서 충신을 신하로 부리는 왕의 자질에 대해서도 이야기하고 있다. 올바른 왕이라면 충신의 바른 간언과 모책을 받아들여 나라를 제대로 다스릴 수 있어야 한다.

만약 충신의 바른 말을 듣지 않아 나라를 망친다면 왕의 자질을 갖추지 못한 것이다. 아무리 뛰어난 충신을 데리고 있어도 그 충신을 바르게 사용하는 것은 왕의 역할이다. 실제로 훌륭한 신하들이 우둔한 왕을 만나 목숨을 잃은 경우는 역사상 수없이 있어 왔다. 예를 들어 오나라 왕 부차에게 간언을 하다가 목숨을 잃은 오자서와 같은 경우이다. 이런 왕들은 대부분 자기 자신까지 망하게 하고 만다.

결국 충신과 왕은 서로 다른 역할을 하는 상대라기보다 함께 힘을 합쳐 좋은 나라를 만드는 운명공동체라는 것을 안자는 이야기하고 있다. 좋은 충신은 좋은 왕이 만들고 좋은 왕을 만드는 것은 충신의 역할이다. 이 둘의 역할이 조화를 이룰 때 좋은 나라가 만들어지는 것이다.

때로 우리는 상사로부터 너무나 당연한 질문을 받을 때가 있다. '충신의 길', 충분히 짐작하겠지만 그 대답이 얼마나 지루하고 뻔한 것인가? 왕을 충심으로 모시고, 왕이 위기에 빠지면 목숨을 바쳐 지키고, 왕이 죽으면 저 역시 목숨을 버리고, 하는 말들 말이다. 이런 질문들은 대답 역시 지루해질 수밖에 없다. 이런 뻔한 말들을 주고받는다면 그 두 사람은 좋을지 몰라도 듣는 사람들은 지루하기 짝이 없다. 자신들 역시 아무 감동도 없는 허울뿐인 대화를 주고받고 있는 것이다.

하버드 대학의 교육 목표 중 하나는 '따분하지 않은 사람으로 키우는 것'이라고 한다. 대화도 마찬가지다. 뻔하고 지루한 질문을 받았을 때 같이 뻔한 대답을 하기보다는 유머, 비유, 반전 등의 기법을 통해 듣는 사람에게 뜻밖의 즐거움을 주는 '우문현답愚問賢答'을 연습해보자.

# 아는 사람은 말하지 않고
# 말하는 사람은 알지 못한다

자로가 자고를 비 땅의 읍재<sup>邑宰</sup>(한 고을을 다스리는 사람)로 삼자 공자가 말했다.

"남의 자식을 망치는구나."

그러자 자로가 대답했다.

"다스릴 백성이 있고, 받들 사직이 있는데 하필 책을 읽고 난 후에야 공부를 했다고 하겠습니까?"

공자가 말했다.

"이래서 말 잘하는 자를 미워하는 것이다."

• 《논어》 선진편 •

공자는 자고가 아직 어리고 미숙하기 때문에 이른 출세가 그의 앞날을 망칠 수도 있다고 우려했다. 하지만 자로는 꼭 책을 읽고 난 후에 정치를 할 수 있는 것이 아니라 좀 미숙하더라도 정치를 통해서도 공부를 할 수 있다고 주장한다. 백성을 다스리고 나랏일을 돌보는 것도 다 공부가 되지 않느냐는 말이다. 이 때 공자가 한 말이 바로 위의 말인데 우리가 흔히 쓰는 말로 "말이나 못하면 밉지나 않지"라고 할 수 있다.

우리나라의 공직자들이 출세가도를 달리다가 추락하는 가장 많은 이유가 '말'로 인한 것이다. 말은 잘하지만 그 말을 제대로, 품격 있게 하는 능력이 없는 것이다. 또 한편으로는 말을 잘하는 잔재주는 있지만, 그 말을 받쳐줄 내면의 힘이 모자라는 경우도 많다. 그래서 소위 '말하는 것'을 자신의 업으로 삼는 고위직들이 도덕적인 문제로 지탄을 받고 자신의 인생마저 망쳐버리고 마는 것이다.

《춘추좌전》에는 "나는 '배운 후에 정치를 한다는 말은 들어보았지만 정치를 통해 배운다'는 말은 듣지 못했다"라고 실려 있다. 정나라의 대부 자피가 나이가 어리고 경험이 없는 윤하에게 높은 벼슬을 주려고 하자 명신 자산이 이에 반대하며 한 말이다.

한편 송나라의 정이가 말했던 '인생 삼불행' 중에는 '어린 나이에 출세하는 것'이 포함되어 있기도 하다. 이 말들은 모두 공자가 했던 말과 통한다. "배우면서 열심히 하겠다"는 말은 정치에서는 통하지 않는다. 충분한 공부와 경험을 통해 완전히 준비를 한 다음 정치를 해야지 자신은 물론 백성들도 고통을 겪지 않는 법이다.

공자는 특히 백성을 위해 정치하는 사람들이 제대로 덕을 쌓지 못해 백성에게 고통을 주는 것을 마음 아파했고 그러한 위정자들에 대한 분노를 감추지 않았다. 그래서 그 당시 정치인에 대해 제자 자공이 묻자 "한두 줌밖에 안 되는 사람들을 말해 무엇하겠는가?"라고 말하기도 했다. 이런 생각이 있었기에 공자는 제대로 배우지 않고 정치에 나서는 것을 경계했고, 자로의 이런 언행에 대해 더욱 심하게 꾸짖었다고 보여진다.

하지만 자로는 공자의 가르침을 겸손하게 받아들이지 못했다. 게다가 가르침을 주는데도 불쑥 자신의 생각을 내세우고 말았다. 스승의 말을 깊이 생각하고 말했다기보다는 자신의 행동을 꾸짖는 말에 기분이 나빠서 그 자리를 모면하고자 말을 했던 것이다. 그래서 공자가 '말만 번드르르한 녀석!' 하는 뜻으로 말을 한 것이다.

《도덕경》에 '지자불언 언자부지知者不言 言者不知'라는 구절이 있다. '아는 사람은 말하지 않고 말하는 사람은 알지 못한다'라는 뜻이다. 지혜롭고 지식이 많은 사람은 오히려 말이 없고, 어리석은 사람은 자신을 과시하고 싶은 마음에 하루 종일 떠들고 다닌다. 한 마디로 빈

수레가 요란한 법이다. 인격적으로 완성된 사람은 자신을 과시하지 않아도 그 인격이 저절로 언행에서 풍겨 나온다. '말이 곧 그 사람을 말해준다'는 말이 결코 과장이 아니다.

말 잘하는 법을 배우기 위해 모두 열심이지만 이 시대가 진정으로 원하는 것은 꼭 말해야 할 때 말할 줄 아는 능력이다. 또 분명히 아는 것을 말하는 자세이다. 상황을 읽고 그 상황에 맞는 적절한 말을 할 수 있는 감각도 필요하다. 만약 잘 알지도 못하면서 자신의 생각만 그럴싸하게 내세운다면 공자가 항상 경계했던 교언영색巧言令色이 되고 만다. 《논어》 계씨편에 있는 것처럼 상대의 안색을 살피지 않고 불쑥불쑥 말하는 사람은 '눈뜬장님'이나 다를 바 없는 것이다.

진실이 무엇인지 참으로 알기 어려운 시대가 되었다. 이럴 때일수록 조용히 내실을 다지는 자세가 꼭 필요하다.

제3편

# 지피지기

知彼知己

: 나를 알고
상대를 알면
백 번 대화해도
위태롭지 않다

知 彼 知 己
나를 알고 상대를 알면
백 번 대화해도
위 태 롭 지  않 다

## 같은 물음, 다른 대답

자로가 공자에게 물었다.

"좋은 말을 들으면 곧 실천해야 합니까?"

"부모형제가 있는데 어찌 듣는 대로 바로 행하겠는가?"

다음에 염유가 같은 질문을 하자 공자가 대답했다.

"들으면 곧 행해야 한다."

공서화가 물었다.

"왜 자로와 염유의 같은 질문에 다른 대답을 하십니까?"

공자가 대답했다.

"염유는 소극적인 성격이라 적극적으로 나서도록 한 것이고, 자로는 지나치게 적극적이어서 물러서도록 한 것이다."

• 《논어》 선진편 •

공자는 지행합일知行合一, 즉 지식과 실천이 함께 해야 한다는 문제에 대해 세 사람에게 깨우침을 준다. 똑같은 질문에 대한 답이지만 나대는 성격인 자로에게는 신중한 처신을, 지나치게 신중하고 소극적인 성격의 염유에게는 적극적인 실천을, 그리고 이 상황을 이해하지 못하는 공서화에게는 세심한 설명으로 상황을 깨닫게 하고 있다. 이것을 보면 우리는 배움이란 모든 상황에서 다 같이 통하는 것이 아니라, 각자의 성품과 상황과 지식의 정도에 따라서 융통성 있게 주어져야 한다는 것을 알 수 있다.

자로는 잘 알다시피 공자의 제자 중에서 가장 거칠고 용맹스러운 제자였다. 공자와 아홉 살밖에 차이가 나지 않아서 공자에게 함부로 대하기도 했다. 공산불요가 반란을 일으키고 공자를 초빙하자, 자로는 기분이 상하여 공자에게 "가실 데가 없으면 그만이지 하필이면 공산 씨에게 가려고 하십니까?"라고 짜증을 내기도 했다. 또 "위나라 왕과 정치를 한다면 가장 먼저 무슨 일을 하겠느냐?"고 물었을 때 공자가 "명분을 바로잡겠다"고 대답하자, "이상만 좇는 세상물정 모르는 분이다"라고 버릇없이 말하기도 했다.

공자는 항상 자로의 거침없는 성격을 걱정했다. 제자의 강직함이 좋았던 한편 그 강직함으로 인해 제자가 잘못될 것을 염려한 것이다. 그래서 공자는 "자로는 제 명대로 살기 어려울 것이다"라고 항상 걱정을 하면서도, "혼란한 세상에 뗏목을 타고 바다로 가게 되면 따라올 사람은 자로일 것이다"라고 말하며, 자로의 무모함과 충직함을 함께 언급하기도 했다. 그래서 위의 질문에 대해 자로에게 "어떤 상황에서도 곧바로 행동하지 말고 한번 숨을 참고 차분하게 생각한 다음 행동하라"고 가르침을 준 것이다.

한편 염유는 재주가 많은 것으로 공자에게 인정을 받았지만 우유부단하고 쉽게 포기하는 성격이었다. 이 같은 성격은 다음과 같은 대화에서도 쉽게 알 수 있다.

"선생님의 가르침을 좋아하지 않는 것은 아니지만 힘이 부족합니다."

염유가 말하자 공자는 다음과 같이 대답했다.

"정말 힘이 부족하다면 중간에 그만둘 수밖에 없을 것이다. 하지만 너는 스스로 자신의 한계를 긋고 있구나."

훌륭한 재능을 갖고 있으면서도 끝까지 해보려고도 하지 않고 쉽게 포기하고 마는 염유의 성격을 근심한 것이다. 그래서 공자는 염유에게 좋은 말을 들었다면 머뭇거리다 기회를 놓치지 말고 적극적으로 행동하기를 권했다. 염유는 나중에 계 씨 집안의 신하로 있으면서 백성을 포탈하고 기회주의적으로 처신한 것이 드러나 공자로부터 파문을 당했다.

한편 공서화는 작은 관리에 만족하는, 별로 꿈이 크지 않은 제자였다. 예를 숭상하지만 공자로부터 인정을 받지는 못했던 인물로 《논어》에서 그다지 큰 비중을 차지하고 있지는 않다.

공자는 제자들의 이러한 특성을 감안하여 각기 받아들일 수 있도록 가르침을 주고 있다. 질문은 하나라도 사람에 따라 각기 답이 다르다는 것을 보여주고 있는 것이다.

우리가 학교에서 배우는 지식은 정답이 있지만, 사회로 나오게 되면 정답이 없는 상황이 벌어진다. 그래서 학교에서의 우등생이 사회에 나와서는 어려움을 겪기도 하는 것이다. 대화 역시 마찬가지다. 이 사람에게 통하는 말이 다른 사람에게는 통하지 않는 것은 물론 오히려 역효과를 내기도 한다. 같은 물음에도 상대에 따라 가장 적절한 대답을 해주는 것이 올바른 대화의 방법이다.

# 듣고 싶어 하는
# 이야기를 하라

제나라 환공이 신하 관중과 함께 소택지로 사냥을 갔다가 귀신을
보게 되었다. 하얗게 질린 환공은 관중의 손을 잡고 물었다.
"중보(관중을 높여 이르는 말)도 무엇을 보았소?"
"신은 아무 것도 보지 못했습니다."
환공은 사냥에서 돌아온 뒤 헛소리를 하며 앓아누웠다.
며칠 후 문병을 온 신하 황자고오가 물었다.
"공은 스스로를 손상시킨 것입니다. 어찌 귀신 따위가 공을
손상시킬 수 있겠습니까? 단지 기가 막혀 병이 된 것입니다."
환공이 물었다.
"그러면 귀신은 존재하는가?"
"귀신은 있습니다. 진흙탕에는 이履, 부뚜막에는 계髻 등이 있고
소택지에는 위사委蛇라는 귀신이 있습니다."
"도대체 위사의 모습은 어떠한가?"
"크기는 수레바퀴 통만 하고 자주색 옷에 붉은 갓을 쓰고

나타납니다. 성질이 사나워 큰 수레 소리를 싫어하여, 그 소리를 들으면 머리를 쳐들고 일어나는데 이 모습을 본 사람은 패왕霸王이 됩니다."

환공이 크게 웃으며 말했다.

"과인이 본 것이 바로 그것이다."

환공이 그 자리에서 바로 일어나 그와 환담을 시작했는데 자신의 병이 나은 것도 알지 못했다.

• 《장자》 •

　귀신을 보고 두려움에 제 환공은 병을 앓았지만, '그 귀신을 본 사람은 패왕이 된다'는 소리를 듣고는 자신이 아팠던 것도 잊고 떨치고 일어났다. 그 당시 각 나라의 군주들은 모두 다른 나라를 실질적으로 지배하는 패권국이 되기를 간절히 바라고 있었다. 이는 제 환공 역시 마찬가지였고, 누구 못지않게 그것을 간절히 바라고 있던 상황이다. 따라서 두렵고 불길하다고 생각했던 일이 사실은 자신이 그토록 꿈꾸던 패왕이 될 징조라는 말을 듣고는 기쁨을 감추지 못했던 것이다.

　사람들은 이처럼 자신이 간절히 바라는 소리를 듣게 되면 모든 고

통과 아픔은 물론 두려움도 떨치고 일어나게 된다. 말이 가진 강력한 힘을 우리는 여기서 알 수 있다. 마음으로 생긴 병은 마음으로 치유가 되고, 만약 병을 앓고 있어도 자신이 앓던 병이 나은지도 모를 정도가 되는 것이다.

위의 고사에서 보듯이 윗사람이 진실로 원하고 바라는 일을 말해줄 수 있으면 그를 기쁘게 만드는 것은 물론 마음까지 사로잡을 수 있다. 사실 황자고오가 뭔가 특별한 상황을 만든 것은 아니었다. 물론 그런 상황을 마음대로 만들 수 있는 사람도 있을 수 없다. 하지만 어떤 상황에서든 그 상황을 활용하고, 자신이 지닌 지식을 활용할 수 있다면 상대의 마음을 기쁘게 만들 수 있는 것이다.

단순하게 말해, 윗사람이 하는 질문에는 두 가지가 있다. 한 가지는 정말 몰라서, 정보를 얻기 위해 묻는 것이고 또 한 가지는 자신이 듣고 싶은 말을 듣기 위해 하는 질문이 있다. 앞의 질문에는 자신이 알고 있는 바를 충실하게 전해야 한다. 《한비자》에 실려 있듯이 "알지 못하면서 말하는 것은 지혜롭지 못한 것이고, 알면서도 말하지 않는 것은 불충이다"는 말을 떠올리면 된다.

그리고 두 번째 질문에는 상사의 마음을 정확하게 읽고 그 사람이 원하는 대답을 하는 지혜가 필요하다. 마찬가지로 《한비자》에는 다음과 같이 실려 있다. "설득이 어려운 것은 상대의 마음을 알아내어 거기에 자신의 의견을 맞출 수 있어야 하기 때문이다." 당연한 이야기로 자신이 듣고 싶어 하는 이야기를 듣고 넘어가지 않을 사람이 없다. 하지만 뻔히 보이는 상대의 마음조차 읽지 못하는 사람이 많은 것이 현실이다. 그래서 사람을 설득하기가 어렵다는 것이다. 똑같은 대답이라도 상대의 마음을 읽고 하는 대답과 전혀 깜깜한 상태에서 하는 말은 그 효과가 천지차이다.

상대방이 듣고 싶어 하는 대답을 하기 위해서는 그 사람의 배경이나 호불호好不好를 아는 것도 유용하다. 실제로 조직생활을 잘하려면 윗사람에 대한 기본 정보는 알고 있어야 한다는 것은 주지의 사실이다. 그러나 그보다 더 중요한 것은 상대와 같이 느끼고 상대의 눈높이에서 생각할 수 있는 공감대를 형성하는 것이다. 특별히 탁월한 말재주가 없더라도 상대의 입장에서 이야기할 수 있는 능력이 있다면 설득과 소통의 달인이 될 수 있다. 심리학 용어 중에 '라포르rapport'라는 말이 있다. 사람과 사람 사이에 생기는 상호 신뢰관계를 뜻하는 말로, 우리가 흔히 '마음이 통한다'라고 말할 때 그것이 바로 라포르를 뜻한다. 현란한 말솜씨를 자랑하거나 이성적이고 논리적으로 설득하기에 앞서 가장 먼저 상대방의 감정을 읽고 같은 마음으로 느낄 수 있어야 할 것이다.

## 상대의 눈높이와 마음을 헤아린다

공자 일행이 길을 가다가 쉬기 위해 잠시 멈췄는데, 타고 다니던 말 한 마리가 빠져나가서 남의 농작물을 뜯어먹었다. 그러자 그 밭의 주인이 말을 붙잡아 버렸다.

말솜씨가 뛰어난 것으로 자타가 공인하는 제자 자공이 설득하겠다고 나섰고, 열심히 설득을 했지만 농부는 꿈쩍도 하지 않았다. 이 때 공자를 막 따라나섰던 한 시골뜨기가 나서서 그 농부를 만나 말했다.

"그대가 동해에서 농사를 짓지 않고, 나 또한 서해에서 농사를 짓지 않으니 나의 말이 어찌 당신의 이삭을 뜯어 먹지 않을 수 있겠소?"

그러자 그 시골 농부는 크게 공감하고, 기쁘게 말을 풀어서 넘겨주었다.

"아까 왔던 사람과는 달리 훌륭한 말솜씨를 지녔구려."

•《여씨춘추》•

자공은 공자의 제자 중에서 가장 뛰어난 말솜씨를 지닌 사람이다. 노나라를 침공하려는 강대국 사이를 조종하여 노나라를 전쟁에서 구해낸 탁월한 외교관이자 유세가였고, 사람들로부터 공자보다 더 뛰어난 인물이라는 평을 듣기도 했다.

하지만 이런 자공도 한낱 농부를 설득하지 못했다. 많은 나라의 군주와 실권자들을 좌지우지했지만 배운 것 없는 시골사람은 설득하지 못했던 것이다. 그것은 서로 말하는 바가 달랐기 때문이다. 자공의 말은 기본적으로 교양이 있는 사람에게는 통하는 말이지만 시골에서 농사를 짓는 사람에게는 전혀 통하지도, 알아듣기도 힘든 말이라고 할 수 있다. 요즘 하는 말로 '외계어'라고 할 정도였을 것이다.

하지만 공자를 따라다닌 지 얼마 되지도 않던 시골뜨기는 화가 나 있던 시골 농부를 멋지게 설득하여 붙잡힌 말을 되찾아 왔다. 그뿐 아니라 그 시골 농부로부터 훌륭한 말솜씨를 지닌 사람이라는 칭찬까지 듣게 된다. 도대체 그는 어떤 말을 했을까? 무슨 대단한 말을 했을 것이라고 짐작이 되지만, 실제로 그가 설득했던 말은 곰곰이 생각해보지 않으면 무슨 뜻인지도 제대로 알지 못할 정도이다. 그 구절을 해석해보면 다음과 같은 말이다.

"만약 내가 서해에서 농사를 짓고 당신이 동해에서 농사를 짓는다면 서로 만날 일은 없었을 것이다. 그랬다면 당연히 내 말이 당신의 이삭을 뜯어 먹을 일도 없지 않았겠는가? 그렇지 않았기에 우리는 서로 만나게 되었고, 내 말이 당신의 이삭을 뜯어 먹게 된 것이 아니겠는가?"

그야말로 무디고 거친 말이지만 이 말은 시골 사람들끼리 서로 통하는 이야기다. 이처럼 서로의 눈높이에서 나누는 말은 군자의 탁월한 말솜씨를 능가한다. 군자의 도가 어떻고, 사람들 간의 예의가 어떻고, 말이 고의가 아니게 다른 사람의 이삭을 먹었을 때의 법적인 처리 방안은 어떻고 등등의 말주변은 시골 사람에게는 통하지 않을 뿐더러 그 뜻도 제대로 알기 힘든 법이다.

우리는 말을 할 때 어떻게 하는가? 먼저 상대방을 읽고 그 사람의 마음과 상황에 맞추어 하는가? 아니면 나의 언변을 자랑하면서 마치 서로 다른 나라 말을 하듯이 일방적으로 하고 있지는 않은가? '지피지기 백전불태知彼知己 百戰不殆'라는 우리가 잘 알고 있는 병법 전략이 있다. '상대를 알고 나를 알면 백 번을 싸워도 위태롭지 않다'는 뜻으로 이 말은 대화에서도 그대로 통하는 진리이다. 아무리 뛰어난 사람이라고 해도 무식한 농부를 설득하는 데는 무식한 시골뜨기에 미치지 못한다. 무식한 시골 농부를 설득하려면 먼저 그와 눈높이를 맞추어야 한다. 그리고 내가 하는 말이 그 사람에게 어떻게 들릴지를 헤아려야 한다. 아무리 멋있고 아름다운 말이라고 해도 그것을 알아들을 수 없는 사람에게는 우이독경牛耳讀經, 마이동풍馬耳東風이 되고 만다.

《귀곡자》에는 다음과 같은 말이 실려 있다.

"현명한 자와 부족한 자, 지혜로운 자와 어리석은 자, 용맹한 자와 비겁한 자, 어진 자와 의로운 자는 모두 제각각 장단점이 있다. 이에 따라 대응방법도 달라질 수밖에 없는데 성인은 상대에 따라 다르게 대한다. 때로는 마음을 열고 때로는 마음을 닫기도 하며 장단점과 허실을 살펴서 기호와 욕망에 근거하여 그 근거와 의도를 읽는다."

자공은 뛰어난 말솜씨를 지니고 있었지만 이런 경지에는 도달하지 못했던 것이다.

요즘은 전문가의 시대이다. 그 분야에 대해 가장 잘 알고 권위가 있는 사람은 전문가로 대접을 받고 인정을 받는다. 우리는 흔히 전문가라고 하면 전문 용어를 남발하면서 어려운 영어도 섞어 말하는 사람으로 오해한다. 하지만 전문가는 어렵게 말하는 사람이 아니라 아무리 어려운 말도 쉽게 풀어서 말할 수 있는 사람이다. 많이 배우지 못해 무식한 사람도 충분히 알아들을 수 있도록 말하는 사람이 진정한 전문가이다. 그리고 짧고 간결하게 말할수록 진정한 고수이다.

# 진리는 하나여도, 적용은 사람에 따른다

제자 사마우가 인에 대해 묻자 공자가 대답했다.

"인한 사람은 말하는 것을 조심한다."

"말하는 사람을 조심하면 그 사람을 인하다고 말할 수 있습니까?"

"실천하는 것이 어려우니, 말하는 데 조심하지 않으면 안 될 것이다."

• 《논어》 안연편 •

같은 안연편에서 공자는 여러 제자들에게 '인'을 가르쳤다. 제자들의 질문에 대답한 것인데 그 대답은 모두 달랐다.

수제자 안연에게는 인을 "자기를 이기고 예로 돌아가는 것"이라고 가르쳤다. 한편 중궁에게는 "자기가 바라지 않는 일을 남에게 하지 말라"고 가르쳤다. 그리고 상대적으로 좀 이해력이 떨어지는 제자 번지에게는 상세하면서도 생활에 적용할 수 있는 '인'을 가르쳤다. "평소 생활에서는 공손하고, 일을 할 때는 경건히 하며, 남과 어울릴 때는 진심으로 대해야 한다. 이것은 어디에 가더라도 지켜야 한다."

하지만 사마우에게는 "말하는 것을 조심하라"고 했다. 사마우가 받아들이기에는 공자가 동문서답을 하고 있다고 느꼈을 수도 있다. '인을 묻는데 웬 말하는 법을?' 공자가 다른 제자를 가르치는 것을 들었는지는 모르지만, 자신이 대단히 어렵다고 생각했던 '인'에 대해 스승이 너무 간단하게 말하는 것에 의문이 들었을 것이다.

그래서 다시 묻고 있다. '정말 말만 조심하면 인한 사람이 되는가?' 하지만 묻는 방법도 경솔하다. 스승이 말해주는 대답으로 자신을 되돌아보거나 깊이 생각하지 않고 생각나는 대로 바로 묻고 있다. 앞서 안연은 공자의 가르침에 대해 자신이 확실히 이해하지 못한 점이 있으면 예의를 갖추어 공손하게 다시 물었다. 그리고 대화의 마지막에는 "비록 모자란 제자이지만, 이 말씀을 명심해 실천하겠습니다"라고 마무리했다. 하지만 사마우는 그런 면이 보이지 않는다. 공자의 말을 제대로 이해하지 못했을 수도 있고, 공자의 대답이 불만스러웠을 수도 있지만 거칠고 경솔한 성품이 드러나고 말았다.

공자는 사마우의 이런 성품을 지적했다. 사마우는 말이 많고 경솔한 성품이었다. 또한 자신의 형인 환퇴가 예전에 공자를 죽이려 했다는 콤플렉스도 가지고 있었다. 이런 환경에 있었기 때문에 사마우는 높은 덕을 추구하기에는 마음의 거리낌이 너무 많았고, 그런 상태가 겉으로 드러나 거칠고 경솔한 면을 보였던 것이다.

공부를 하는 것도 마찬가지고 덕을 세우는 것도 마찬가지지만 높은 단계로 올라서기 위해서는 먼저 갖추어야 하는 것이 있다. 공부를 잘하기 위해서는 먼저 바른 생활 습관을 가져야 한다. 아무리 공부를 잘하고 싶어도 나쁜 습관을 그대로 몸에 가지고 있다면 일정 수준 이상으로 공부를 잘할 수는 없다. 그리고 덕을 쌓기 위해서는 먼저 마음의 거리낌이 없어야 한다. 아무리 높은 덕을 쌓으려고 노력해도 마음속에 거리낌이 있다면 덕을 쌓을 수가 없다.

공자는 사마우에게 이런 점을 지적하고 있다. '인'이라는 높은 도덕적 가치를 추구하기 위해서는 먼저 경솔하게 말하는 법을 고쳐야 한다는 것이다.

사마우와 공자의 다음 대화에서도 이런 점은 그대로 드러난다.

사마우가 군자에 대해서 물었다. 그러자 공자는 "군자는 근심하지도 두려워하지도 않는다"고 대답했다.

"근심하지 않고 두려워하지 않으면 군자가 됩니까?"

"속으로 반성하여 거리낌이 없다면, 무엇을 근심하고 무엇이 두렵겠느냐?"

대화의 패턴이 위와 똑같다. 공자는 사마우의 대답에 직접적으로 대답해주지 않고 먼저 고쳐야 할 점을 말해주고 있다. 군자가 되기에 앞서 항상 자신을 되돌아보고 먼저 마음의 거리낌을 없애라는 것이다.

《도쿄대생은 바보가 되었는가》라는 책에는 전후 도쿄대학을 방문했던 미국의 교육 전문가의 이야기가 실려 있다. 그는 도쿄대학교의 주입식 교육을 보고 "마치 찻잔에 물을 붓는 것 같다"고 이야기했다. 각 사람의 사정이나 능력은 고려하지 않고 찻잔에 물을 붓듯이 주입함으로써 어떤 찻잔은 모자라고 어떤 찻잔은 넘치게 된다는 것이다. 이것은 대화에서도 마찬가지로 적용된다.

누군가를 가르치는 대화에서는 반드시 상대방의 부족한 점, 취약한 점을 파악하여 그것에 맞는 가르침을 주어야 한다. 진리는 하나일지 몰라도 그 적용점은 사람에 따라 달라져야 마땅하다.

# 상대가 귀하게
# 여기는 것을 주라

초나라 사람 조구생은 말을 잘하는 사람으로 권세에 빌붙어
사람들의 일처리를 해주고 돈을 받는 것을 업으로 삼고 있었다.
당시 가장 신의가 있고 훌륭한 인물로 손꼽히던 계포는 조구생의
처세를 탐탁지 않게 여기고 있었다. 하지만 계포의 명성이
필요했던 조구생은 마다하는 계포를 만나 다음과 같이 말했다.
"초나라 사람들 사이에는 '황금 100근을 얻는 것보다 계포의 승낙
한 번이 더 낫다'는 말이 있는데 그대는 어떻게 이런 명성을 얻게
되었습니까? 나는 초나라 사람이며 그대 또한 그렇습니다. 내가
천하를 유랑하면서 그대의 명성을 알린다면 그대 이름은 천하에서
귀하게 될 것입니다. 어찌하여 그대는 나를 심하게 거절하십니까?"

•《사기열전》•

이 말을 들은 계포는 크게 기뻐하면서 조구생을 맞아 들였고, 상객으로 대접하며 많은 선물을 주었다. 위의 고사에서 '계포일락季布一諾', 즉 계포의 한 번 승낙이 황금 100근을 얻는 것보다 더 낫다는 고사성어가 유래한다. 사람들로부터 신망을 받고 있는 사람의 한 마디는 그만큼 큰 힘이 있다는 뜻이다.

계포는 초나라 사람으로 항우의 수하 장수로 활약하며 유방을 여러 번 괴롭혔던 적이 있다. 유방이 한 고조가 된 후 계포를 잡아 벌을 주려고 했으나 계포는 그의 인품을 사랑하던 사람들의 도움으로 무사히 숨을 수 있었다. 그 후 유방 역시 훌륭한 신하들의 간언으로 계포를 용서하게 되었고 그에게 벼슬을 주어 중용하게 되었다. 계포는 유방의 신하가 된 이후에도 꼿꼿한 신하로서 바른 말을 함으로써 유방의 신임을 얻었고, 사람들 사이에 큰 명성을 떨치게 되었다.

그처럼 성품이 곧고 바른 사람인 계포였지만 조구생의 단 한 마디 말에 설득당하고 만다. 조구생은 가장 먼저 계포가 가장 소중하게 생각하는 점을 인정함으로써 닫혀 있던 계포의 마음을 연다. 이것은 《귀곡자》에 있는 비겸술飛箝術로써 '상대를 칭찬하여 그 마음을 단단히 옭아매는 기술'이다. 상대방의 뛰어난 재능을 정확하게 찾아 평가해줌으로써 상대방의 마음을 사로잡는 것이다.

조구생은 그 다음으로 계포와 자신의 공통점을 제시함으로써 그 마음을 사로잡는다. 둘 다 초나라 사람이라는 점을 강조함으로써 '우리는 서로 공통점이 있는 통하는 사람'이라는 것을 강조한 것이다.

마지막으로 조구생은 자신이 계포에게 줄 수 있는 것을 제시한다. '계포의 명성을 드높일 수 있다'는 점을 강조함으로써 자신이 얻기만 하는 것이 아니라 계포가 가장 중요시여기는 역할을 할 수 있다는 점을 강조한 것이다. 이러한 3단계의 설득법으로 조구생은 강직하기로 소문난 계포의 마음을 사로잡을 수 있었다.

우리는 일터나 일상생활에서 서로 좋아하는 상대뿐 아니라 비호감의 사람, 특히 나를 싫어하는 사람과 대화를 하거나 그들을 설득해야 할 때가 있다. 이런 상황을 좋아하는 사람은 없을 것이다. 하지만 이들에게 무엇인가를 꼭 얻어내야 할 때 단지 내키지 않는다는 이유로 포기하고 숨는 것처럼 어리석은 일도 없다.

이럴 때 포기하기보다는 그 사람에 대한 정확한 정보를 찾아 좋아하고 싫어하는 점을 잘 알아내어 활용할 수 있다면 그 사람을 완전히 내 편으로 만들 수 있다. 그동안 나를 싫어하고 멀리하던 유력한 사람이 내 편이 된다는 것은 단순히 어떤 사람을 설득하는 것보다 두 배, 세 배의 효과가 있다. 수치상으로 마이너스를 플러스로 바꾸면 두 배의 차이가 발생하는 것과 같은 이치인 것이다.

그리고 평소에 좋았던 사람보다 오히려 관계가 서먹했던 사람, 어려웠던 사람에게 적극적으로 다가설 때 예상 밖의 좋은 결과를 얻을 때가 많다. 사람은 누구라도 서먹하고 어색한 관계를 좋아하지 않는다. 내가 어색한 관계를 깨고 좋은 관계를 갖고 싶었던 만큼, 그 역시 나와 좋은 관계를 가지고 싶었을지도 모른다. 그는 단지 내가 먼저 다가와주기를 기다렸을 수도 있다. 그때 과감하게 다가선다면 그는 그렇게 해준 사람이 고마울 것이고, 그래서 기대했던 것보다 훨씬 더 큰 것을 선물로 주게 되는 것이다.

하지만 이 때 한 가지 분명히 명심해야 할 사항이 있다. 앞서 조구생이 계포에게 했던 것처럼 '당신의 명성을 천하에 높여주겠다'는 약속을 분명히 지켜야 한다는 것이다. 어렵게 설득하는 데 성공했음에도 불구하고 정작 약속을 제대로 지키지 않아 신의를 잃는다면 모두 물거품이 되어 오히려 이전보다 더 나쁜 이미지를 심어주고 말 것이다.

## 꼭 필요한 가르침을 담는다

제자 자공이 물었다.

"여기에 아름다운 옥이 있다면 궤 속에 넣어 숨겨두시겠습니까, 좋은 상인에게 파시겠습니까?"

공자가 대답했다.

"팔아야지, 팔아야지. 나는 좋은 상인을 기다리는 사람이네."

• 《논어》 자한편 •

이 말에 담겨 있는 뜻은 은신하여 재능을 감추어 두는 것보다는 세상에서 발휘하는 것이 좋다는 것이다. 이 말은 제자에게 주는 말이기도 하면서 공자 자신에게 하는 말이기도 하다. 공자 역시 세상을 바로잡기를 원하는데 그 뜻을 펼칠 나라와 임금을 만나지 못하고 있음을 안타까워하는 것이다.

하지만 한편으로는 제자인 자공이 남다른 상업적인 감각을 가졌다는 점에서도 생각할 수 있다. 자공은 돈을 중시한다는 점에서 공자의 다른 제자들과도 달랐고 돈에 관한 안목도 남다른 면이 있었다. 그는 사업 수완이 뛰어나서 조曺나라와 위衛나라의 국경지역에서 운수업으로 많은 돈을 벌어들였고, 공자의 제자가 된 이후에도 여전히 재산을 늘리는 일을 게을리하지 않았다. 공자는 제자의 이런 재능을 높이 샀는지도 모른다. 비록 자공이 도를 이루고 군자가 되는 데는 부족하지만, 타고난 상업적인 재질은 썩히지 말고 발휘하라고 격려하고 있다.

고전을 살펴보면 공자 자신도 재물에 대해서 무조건 배격하지는 않았다. "부가 구해서 얻을 수 있는 것이면 말채찍이라도 잡겠다"고 말하기도 했다. 하지만 그 부가 올바르지 않다면 결코 추구해서는 안 된다고 했다. 공자는 부를 추구하는 것 자체를 무조건 배척한 것이 아니라, 의보다 부를 앞세운다거나, 의롭지 못한 부를 추구하는 자세를 경계했던 것이다. 공자는 이런 관점에서 자신에게 재능이 있다면 세상에 펼쳐 보여야 하고, '부'를 얻을 수 있는 재능이 있다면 그것 역시 감춰 둘 것이 아니라 대의를 위해 사용할 수 있어야 한다고 제자를 격려하고 있다.

만약 공자가 제자의 성품이나 자질을 고려하지 않고 자신의 생각만 주장하고, 자신의 생각대로만 가르쳤다면 자공이 가지고 있던 상업적인 재능은 꽃을 피우지 못했을지도 모른다. 공자가 아무리 재물과 부에 대해 관대했다고 해도 공자가 진정으로 추구했던 것은 인의예지라고 할 수 있다. 재물에 있어서도 바르게 얻지 않으면 결코 추구해서는 안 된다고 했다. 그래서 '견리사의見利思義', '견득사의見得思義'를 되풀이해서 강조했던 것이다.

공자는 자공과 이런 대화도 나누었다. 자공이 "가난하지만 알랑대지 않고, 넉넉하지만 뽐내지 않는 것은 어떻습니까?"라고 묻자, "괜찮겠지······. 그러나 가난한데도 즐기고, 넉넉한데도 예를 좋아하는 것만은 못하다"고 대답했다. 이 대화 역시 부에 대한 자세를 말하고 있다. 자공은 가난하지만 비굴하지 않고 부유하지만 교만하지 않는 자세를 말했다면, 공자는 가난해도 그 삶을 즐길 수 있고 부유한데도 예를 지켜 인간의 도리를 다하는 자세를 가르쳐주고 있다. 진정한 삶의 의미는 부와 가난을 초월한 마음가짐에 있다는 것으로,

자공의 생각보다는 훨씬 차원이 높은 이야기다.

위의 고사에서 공자는 자공이 질문을 했던 의도와 속마음을 정확하게 읽고 그에 합당한 대답을 주고 있다. 자공은 이런 스승의 가르침에 따라 성장할 수 있었고, 스승에 대한 존경심도 남달랐다. 공자가 죽었을 때 다른 제자들은 모두 3년 상을 치르고 떠나갔지만 자공이 홀로 남아 6년 상을 치른 것은 유명한 일화이다.

사람은 자신이 듣고 싶은 것만 듣는다는 말이 있다. 심리학 용어로 '선택적 지각'이라고 하는 것인데, 대화를 할 때는 이 현상을 제대로 활용할 수 있어야 한다. 비록 상대가 듣고 싶어 하는 말과 다른 대답을 해야 할 때라도 상대의 의도를 알고 대답하는 것과 전혀 모르는 것과는 그 결과가 판이하게 달라진다. 만약 알고 대답한다면 최소한 상대의 심리 상태를 고려한 답변을 할 수 있다. 그리고 상대의 반응에 따라 적절하게 내용을 조정할 수도 있다. 하지만 상대의 의중을 전혀 모르고 대화를 한다면 극단적인 방향으로 흘러도 전혀 손을 쓸 수 없게 된다.

한편 스승이 제자에게 꼭 필요한 가르침을 담아 이야기할 때, 제자 또한 도리를 다하여 그것을 생활에서 실천에 옮겨야 한다. 단순히 스승의 가르침에 귀를 기울이는 것만으로는 충분하지 않다. 가르침을 들은 후에는 마땅히 그것을 실천해야 할 것이다.

# 장점을 먼저 꺼내고, 가진 것을 칭찬하라

자하가 스승인 공자에게 물었다. "안연의 사람됨은 어떠합니까?"
공자가 대답했다. "안연은 믿음이 있다. 나보다 나을 것이다."
자하가 다시 물었다. "그러면 자공은 어떻습니까?"
"그는 민첩함이 나보다 낫다."
"자로는 어떻습니까?"
"그는 용맹함에 있어서 나보다 낫다."
"자장은 어떻습니까?"
"그는 장중함이 나보다 낫다."
이에 자하는 자리를 고쳐 앉으며 공자에게 물었다.
"그러면 이 네 사람은 무엇 때문에 선생님을 모십니까?"
공자가 설명했다.
"앉아라. 그 연유를 말해주마. 안연은 믿음에는 능하나 그 반복함이
모자라고, 자공은 민첩하나 능히 굽힐 줄을 모르며,
자로는 용맹하나 두려워하며 자제하는 마음이 없고,

자장은 장엄하지만 동화할 줄을 모른다. 이 네 사람의 뛰어난 점을 두루 갖추기는 나 역시 하기 어려운 일이다."

•《설원》•

제자인 자하가 공자에게 다른 제자들에 대해 묻자 공자는 그들의 장점을 먼저 말하고 있다. 대화의 마무리에서 보듯이 공자의 제자들은 모두 부족한 점이 있지만 공자는 그것을 말하기 전에 제자들의 장점을 먼저 말하며, 자신 역시 그들의 장점에는 따를 수가 없다고 말하는 것이다.

훌륭한 부하들을 휘하에 모아서 그들을 활용하는 것이 훌륭한 리더가 지켜야 할 가장 큰 덕목이라고 한다. 하지만 현실적으로 모든 부하가 다 뛰어날 수는 없는 법이다. 따라서 진정한 리더라면 부하들이 가지고 있는 장점을 찾아 그것을 장려해주고, 그들의 단점은 고쳐나가도록 해야 한다. 또한 위의 대화에서 공자가 보여주듯이 대외적으로 그들의 장점을 내세울 수 있는 자세가 필요하다.

아무리 뛰어난 사람이라고 해도 단점이 없는 사람은 없다. 그래서 《사기》에서는 한신과 이좌거의 고사에서 "아무리 지혜로운 사람도 천 번에 한 번은 실수를 하고, 아무리 어리석은 사람도 천 번을 생각하면 한 번은 좋은 생각을 할 수 있다"고 한다. 극단적인 예이기는 하지만 완벽하게 지혜로운 사람도, 완전히 어리석은 사람도 없다는 의미로 받아들일 수 있겠다. 그래서 《송명신언행록》에서는 "사람의 장점을 발휘하면 만사가 순조롭지만 단점을 밀어붙이면 일을 이룰 수 없다"고 말하기도 한다.

사람의 장점을 쓰는 것, 이것이 바로 뛰어난 리더의 가장 기본적인 자질이다. 그리고 그 첫째는 그들의 장점을 공개적으로 인정하는 것이다. 그리고 그 장점을 들어서 적재적소에서 사용하는 것이다.

우리가 잘 아는 '계명구도鷄鳴狗盜'의 고사가 있다. 닭 울음소리를 잘 내는 사람과 개 도둑의 능력을 가진 사람들로 인해 맹상군이 목숨을 구할 수 있었다는 이야기다. 물론 이들이 능력을 발휘할 수 있는 기회가 왔을 때 그 기회를 잘 활용했던 점도 훌륭했지만 만약 맹상군이 진나라 왕에게 가면서 그들의 하찮은 재주를 부끄럽게 여겨 데리고 가지도 않았다면 그들이 능력을 발휘할 기회도 잡지 못했을 것이고, 맹상군이 위기를 무사히 탈출하기도 어려웠을 것이다. 이것이 바로 부하들의 장점을 공개적으로 인정하고 적재적소에 사용하여 좋은 결과를 얻어낸 사례라고 할 수 있다.

사실 우리는 어릴 때부터 성인이 돼서까지 제로섬게임 식의 경쟁과 차별적 보상에 익숙해져 왔다. 그래서인지 상대의 장점을 찾아 인정하고 그것을 겸손하게 배우는 데는 다소 서투르다. 차라리 약점을 찾아 공격하는 일이 자연스러울 정도다. 그러나 요즘은 독불장군 식으로 일하는 사람은 성공할 수 없다. 오늘날 가장 창의적인 기업으로 꼽히는 구글이나 애플 같은 조직에서도 팀 단위의 협력적인 작업 방식을 선호하고 있다.

우리는 오랫동안 인간은 이기적인 동물이며, 자기 이익만 추구한다고 생각해왔다. 그 때문에 최근까지만 해도 비즈니스 분야에서는 경쟁과 성과주의를 신봉하다시피 했다. 협력은 비효율적인 것으로 치부되었다. 하지만 최근의 많은 연구들이 인간은 생각보다 훨씬 더 협력적이고 이타적이라는 사실을 증명해내고 있다. 진화론자들은 '적자생존'을 이야기하지만, 정작 다윈은 그런 말을 쓰지 않았으며, 오히려 "이기적이고 분쟁을 좋아하는 사람들은 하나로 뭉치지 못하지만, 협력하지 않고서는 아무것도 얻을 수 없기 때문에 협력이 진화에 유리하다"고 말했다.

존중과 협력을 이끌어내는 가장 쉬운 방법 중 하나가 바로 상대의 장점과 강점을 인정하고 칭찬하는 것이다. 공자의 이야기도 바로 이런 맥락에서 볼 수 있다. 제자들의 단점보다는 먼저 장점을 인정하고, 그 다음에 단점을 지적하여 제자들을 격려하고 성장시키려는 공자의 지혜를 되새겨보자.

상대가 가지지 못한 것을 아쉬워하기보다 가진 것을 칭찬하는 것이 지혜롭다. 《논어》 공야장에 이르기를, 제자 자공이 공자에게 "저는 어떻습니까?"라고 묻자, 공자가 "너는 그릇이다"라고 답했다. 자공이 "어떤 그릇입니까?"라고 재차 묻자, 공자는 "제사에서 곡식을 담는 옥그릇이다"고 했다.

사실 이 대화를 제대로 이해하려면 그 앞에 나오는 장면을 살펴봐야 한다. 공자는 앞서 제자인 자천을 군자라고 칭찬했다. 자공은 이 말을 듣고 스승이 자신은 어떻게 생각하는지 알고 싶었을 것이다. 그리고 스승이 자신도 군자와 같은 사람이라고 말해주기를 기대하고 원했을 것이다. 하지만 공자는 뜬금없이 '그릇'을 거론하고 있다.

아마 평범한 보통 사람이었다면 "갑자기 웬 그릇을?" 하며 공자가 무엇을 말하는지 몰랐을 것이다. 하지만 자공은 현명한 사람이라 예전에 공자가 했던 말에 견주어 공자의 뜻을 헤아릴 수 있었다. 공자는 "군자는 그릇이 아니다(군자불기君子不器)"라고 말했던 적이 있다. 군자는 그릇처럼 한 가지 용도로만 쓰이는 사람이 아니라 다양한 식견과 포용력을 갖춘 폭넓은 사람이 되어야 한다는 것이다.

자공은 스승이 예전에 했던 이 말을 분명히 기억하고, 자신은 군자가 되기에 부족한 사람이라는 의미라는 것을 깨달았을 것이다. 많이 속상했을 테지만 자공은 다시 한 번 묻는다. 그러면 도대체 자신은 어떤 그릇이냐고. 이에 공자는 제자의 마음을 어루만져 준다. 예를 가장 큰 가치로 생각했던 시대에 '제사에 쓰이는 옥그릇'이라고 하면 굉장히 귀중한 것이었다. 공자는 자공을 군자가 되기에는 못

미치지만 세상에서 귀하게 쓰이는 인물이라고 인정했다. 공자는 제자 자공이 앞으로 매우 중요하게 쓰일 것을 비유해서 말했던 것이다.

자공은 말을 잘했을뿐더러 상업에도 탁월한 능력을 발휘했던 제자다. 그는 돈을 소중히 했던 점에서 공자의 다른 제자들과는 달랐고 돈을 버는 능력 역시 탁월했다. 그는 공자의 제자가 된 이후에도 재산을 늘리는 일을 게을리 하지 않아 공자에게 재정적으로 도움을 주기도 했다. 또한 국가 간의 외교문제를 뛰어난 언변과 외교술로 해결했던 타고난 유세가이기도 했다.

실제로 공자는 자공의 외교적인 능력에 신세를 진 적도 있다. 제나라가 노나라를 치려고 할 때, 자공은 공자의 허락을 받고 각 나라를 방문한다. 자신의 고국인 노나라가 곤경에 빠질 것을 염려하는 공자를 위해 나섰던 것이다. 자공은 먼저 제나라에 가서 작고 보잘 것 없는 노나라를 치는 것보다 오나라와 전쟁하는 것이 훨씬 더 효과적이라고 설득한다. 그리고 오나라에 가서는 제나라를 치도록 유도함으로써 두 나라 간의 전쟁을 유발한다. 그리고 월나라로 하여금 제나라와의 전쟁으로 힘이 빠진 오나라를 쳐서 없애게 함으로써 노나라의 후환을 완전히 제거한다. 결국 노나라는 피 한 방울 흘리지 않고 제나라의 위협으로부터 완전히 풀려나게 되었다. 자공은 요즘으로 치면 가장 유능한 외교관이자 세 치 혀로 각국 군주의 마음을 움직이는 탁월한 유세가였던 것이다.

　이처럼 자공은 뛰어난 능력이 있었고, 자부심도 강한 성격이었다. 하지만 그의 능력은 요즘으로 치면 실용적인 능력이었으므로 그 당시 관점으로는 크게 인정을 받지 못했다. 만약 오늘날의 관점에서 본다면 자공은 가장 뛰어난 인물로 인정받았을 것이다. 최고의 학자에게 사사했던 지식인으로서, 영향력 있는 정치가로서, 탁월한 외교가로서, 그리고 '부'까지. 한 마디로 부와 명예와 학식까지 겸비한 사람이니까 말이다.

　하지만 자공은 그 당시 공자가 추구하던 도道와 인의仁義와는 거리가 있었다. 공자는 이것을 정확하게, 하지만 비유적으로 지적한 것이다. 만약 공자가 자공의 생각과 마음을 고려치 않고 단순히 물음에 직접적으로 답했다면 이처럼 아름다운 결말로 대화가 끝나지 않았을 것이다. 분명히 탁월한 능력을 지닌 뛰어난 제자이지만 그 당시 추구했던 군자의 길과는 조금 방향이 달랐던 제자, 공자는 그 제자가 가진 능력을 칭찬하면서도 조금 더 군자의 길로도 매진하기를 바라는 마음이었던 것이다.

　"자공, 너는 군자가 되기에는 좀 멀었으니 더 노력해야 한다. 하지만 네가 가진 재주도 참으로 소중하고 세상에서 귀하게 쓰일 수 있으니 결코 하찮게 생각하지 마라."

　아무리 뛰어난 능력을 가진 사람이라고 해도 다른 사람을 평가하는 것은 그리 쉬운 일은 아니다. 특히 리더라면 부하의 평가를 엄격하고 공정하게 해야 하기 때문이다. 하지만 냉정하고 철저하게 평가를 하되, 아울러 상대의 마음을 보듬고 격려할 수 있는 능력도 중요하다. 평가를 통해 실망하고 좌절하게 만드는 것이 아니라, 힘을 얻고 분발하도록 만들어야 한다.

# 답을 주지 말고
# 질문으로 유도하라

공자가 진나라와 채나라 사이에서 곤궁에 처하게 되었다. 두 나라의 대부들이 공자가 초나라로 가는 것을 막기 위해 군사를 보내 포위한 것이다. 포위가 오래 가자 식량은 떨어졌고, 시종들은 병이 들어 쓰러지기 시작했다. 하지만 공자는 태연히 책을 읽고 거문고를 타면서 노래하기를 멈추지 않았다. 이를 보고 자로가 화가 나서 말했다.

"군자도 이처럼 곤궁할 때가 있습니까?"

공자가 대답했다.

"군자는 곤궁하면 절개를 지키지만 소인은 곤궁해지면 분에 넘치는 행동을 한다."

제자들이 마음이 불편한 것을 알고 공자는 자로를 불러 물었다.

"《시경》에서 '코뿔소도 아니고 호랑이도 아닌 것이 저 들판에서 헤매고 있구나'라고 노래했으니 나의 도에 잘못이 있는 것인가? 왜 내가 이런 곤궁에 처하게 되었을까?"

자로가 말했다.

"우리가 어질지 못해서 사람들이 신뢰하지 않고, 지혜롭지 못해서 갇힌 것이 아닐까요?"

공자가 말했다.

"자로야, 만약 어진 사람이 반드시 다른 사람의 신뢰를 얻는다면 왜 백이·숙제 같은 사람이 굶어 죽는 일이 생겼겠느냐? 만약 지혜로운 사람이 아무 곳이든 갈 수 있다면 비간 같은 사람이 심장이 도려내어져 죽는 일이 있었겠느냐?"

그 다음 자공을 불러 공자가 같은 질문을 하자 자공이 대답했다.

"선생님의 도는 지극히 원대하기에 그것을 그대로 받아들일 사람이 없습니다. 왜 선생님께서는 도의 수준을 좀 낮추지 않으십니까?"

공자가 대답했다.

"자공아, 훌륭한 농부가 씨를 뿌린다고 해서 꼭 수확을 많이 거두는 것이 아니고, 훌륭한 장인이 만든 물건이라고 해서 모든 사람의 마음에 들 수는 없는 것이다. 너는 스스로 도는 닦지 않으면서 도를 낮추면서까지 남이 받아들이기를 구하고 있구나. 너의 뜻은 원대하지 못하다."

마지막으로 공자는 안회에게 물었고 그는 다음과 같이 대답했다.

"선생님의 도는 지극히 원대하므로 세상 그 누구도 그 도를 받아들일 수 없습니다. 하지만 받아들여지지 않은 연후에 군자의 참 모습이 드러나게 될 것입니다. 도가 닦이지 않는 것은 우리의 치욕이지만 잘 닦여진 도가 받아들여지지 않는 것은 군주들의 치욕입니다."
이 말을 들은 공자는 기뻐서 외쳤다.
"그렇던가! 안 씨 집안의 자제 중에 이런 인물이 있었던가! 만약 자네가 많은 돈을 번다면 나는 자네의 집사라도 하겠네!"

● 《사기》 세가 ●

이 대화에서 우리는 공자의 세 제자들의 수준을 알 수 있다. 그들은 공자의 물음에 감추는 것이 없이 솔직하게 마음에 있는 말을 다하고 있는데, 극단적인 상황에 처해 자신의 생각을 가감 없이 드러내고 있는 모습이다.

먼저 자로의 대답은 평범한 보통 사람의 수준을 넘지 못하고 있다. "우리가 곤궁에 빠진 것은 어질지 못하고 지혜롭지 못하기 때문이다"는 말은 자신은 물론 스승의 도의 경지까지 의심하는 말이다. 공자는 이 말을 듣고 "수준이 이것밖에 안 되는구나!"라고 한탄한다. 그리고 백이·숙제와 비간의 예를 들어 자로의 수준에 맞게 알기 쉽게 설명해준다.

그 다음 자공은 스승의 도의 경지는 인정하지만 남들이 알아듣지 못하니 좀 알기 쉽게 수준을 낮추면 어떻겠냐고 건의한다. 자공의 성격대로 가장 실리적이고 현실적인 대답이라고 할 수 있다. 하지만 공자가 추구하는 도의 모습과는 거리가 있기에 공자는 "더 크고 멀리 보라"고 하며, "자신이 목숨을 바쳐 도를 추구하지도 않으면서 현실과 타협을 하느냐"고 꾸짖는다.

마지막으로 안회의 대답으로 공자의 마음속 먹구름은 싹 걷히게 된다. 수제자는 역시 기대를 저버리지 않은 법이다. 안회는 "스승님의 경지는 너무 높고 위대해서 사람들이 받아들일 수 없다"고 먼저 스승의 높은 경지를 인정한다. 그리고 "만약 우리의 도가 부족하다면 우리가 부끄러워해야 하지만, 우리의 도가 높고 지극한 경지에 이르렀다면 우리가 아니라 그것을 알아보지 못하고 쓰지 않는 사람들의 잘못이니 우리가 근심할 일이 아니다"라고 설파한 것이다. 그리고 마지막으로 "군자의 참모습은 받아들여지지 않기에 더 잘 드러난다"고 말해 현재의 고난과 어려움에 절망하는 것이 아니라, 이 어려움을 통해 스승의 도가 더욱 빛나고 세상에 알려질 것이라고 마무리를 했다.

이 말을 들은 공자는 너무나 기쁜 나머지 자신과 어울리지 않는 소리까지 하고 있다. "안 씨 집안에 이런 인물이 있느냐!"고 격찬을 하면서 "만약 네가 큰 부자가 된다면 나는 너의 집사 노릇까지 하겠다"고 한 것이다. 물론 이 말은 "부를 본다면 먼저 의로운지를 생각하라"는 공자의 철학과는 다소 모순이 있는 말이다. 하지만 공자 역시 "부자가 될 수 있다면 말채찍이라도 잡겠다"고 했던 것을 떠올려 보면, 그리 심중에 없는 말을 한 것은 아닐 것이다. 안회가 너무 사랑스러운 나머지 가난하든 부자든 함께하고 싶다는 뜻으로 이야기한 것이라고 짐작된다.

공자는 이 세 제자들에게 동일한 질문을 던짐으로써 그들의 수준을 정확하게 알게 되고, 곤궁한 현실에 대한 의미를 각자의 수준에 맞게 가르침을 주어 깨닫게 했다.

질문은 철학에서 가장 중요한 핵심 가치이다. 뛰어난 철학자들은 예외 없이 '왜'를 알고 추구하는 것, 즉 끊임없는 질문을 통해서 자신이 뜻하고 추구하는 진리를 찾아 나섰다. 이것은 공부에 있어서도 마찬가지로 《근사록》에는 "배운다는 것은 의문을 풀어가는 것이 중요하다. 먼저 자신이 가진 의문을 해소하고, 그 다음 의문이 없는 곳에서 의문을 갖게 되는 것이 배움의 진전이다"라고 실려 있다. 공부의 진정한 가치가 의문을 갖고, 질문을 통해 그 의문을 풀어가는 과정이라고 말하고 있는 것이다.

또한 질문은 제자들에게 깨우침을 주는 데도 아주 유용하다. 그들의 생각을 알고 부족한 점이 무엇인지를 알 수 있는 것이다. 제자를 가르치는 선생이든, 아니면 크고 작은 조직을 이끄는 지도자이든 간에 모든 리더들은 질문과 대답을 통해 부하들의 생각을 읽고 그들에게 가르침을 주고 바른 길로 이끌 수 있어야 한다. 곤궁에 처했을 때는 가장 먼저 곤궁에 대처하는 자신의 모습부터 바로잡아야 하지만, 곤궁 속에서 좌절하고 어려움을 겪는 부하들을 바르게 이끌어야 하는 것이다. 그리고 함께 나아갈 길을 보여주고 이루어야 할 비전을 제시할 수 있어야 한다.

그 방법을 지금 이 고사에서 얻을 수 있다. 공자는 모든 제자들에게 같은 질문을 던져 그들의 솔직한 대답을 듣고, 그들의 수준에 맞는 가르침을 주었다. 그리고 그 과정에서 안회와 같은 탁월한 제자의 완벽한 대답을 들을 수 있었기에 공자 역시 큰 기쁨을 누릴 수 있었던 것이다.

제4편

# 언어유희
言語遊戲

: 유머와
감성으로
통하라

言　語　遊　戱

유머와 감성으로 통하라

## 질질 끌지 말고
## 유머로 끝내라

제나라의 유세가 순우곤이 맹자에게 물었다.
"남자와 여자가 직접 주고받지 않는 것이 예입니까?"
맹자가 대답했다. "그것이 예입니다."
"그러면 형수가 물에 빠졌다면 손으로 끌어당겨 구해주어야 합니까?"
"형수가 물에 빠졌는데도 구해주지 않으면 금수와 다름이 없습니다. 남자와 여자가 직접 물건을 주고받지 않는 것은 예이고, 물에 빠진 형수를 구하는 것은 임기응변이오."
"그러면 오늘날 온 천하가 물에 빠졌는데 선생께서 구해주지 않는 것은 무슨 까닭입니까?"
"천하가 물에 빠지면 도道로써 구해야 하고, 형수가 물에 빠지면 손으로 구해야 합니다. 그러면 당신은 천하를 손으로 구하라는 말입니까?"

• 《맹자》 •

순우곤은 천하가 물에 빠졌으니 구해야 한다고 하면서 형수가 물에 빠진 것을 예로 들고 있다. 하지만 맹자가 보기에 이런 비유는 이치에 맞지 않는 것이다. 형수를 손으로 구하는 임기응변과 천하를 구하는 도는 서로 견줄 수 없다고 생각했기 때문에 맹자는 한 마디의 유머로 대답을 한 것이다.

이것은 쉽게 말하면 정의와 긍휼이 서로 병행될 수 없다는 관점에서 보면 잘 알 수 있다. 만약 한 어린이가 길에서 자동차에 치일 위험에 처해 있는데, 찻길에 들어가면 교통법을 어기는 것이기 때문에 들어갈 수 없다고 하면 그것은 제대로 된 생각이 아니다. 만약 시급을 다투는 환자를 실은 구급차를 두고 교통신호를 지켜야 한다고 강제할 수 없는 것과 같다. 노무현 전 대통령이 후보 시절 장인의 빨치산 이력으로 인해 공격을 받은 적이 있다. 이 때 노무현 후보는 "그러면 아내를 버릴까요?"라는 단 한 마디로 상황을 종료시켜 버렸다. 이것이 정의와 인간적인 긍휼을 교묘하게 혼돈시킴으로써 문제를 타개했던 대표적인 기법이다. 대통령 후보의 자격이라는 나라의 가장 큰 공적인 문제를 인간적인 관점으로 끌어내림으로써 한 방에 문제를 해결해버린 것이다.

하지만 나라를 다스리는 것은 이와 같은 긍휼과는 전혀 다른 관점으로 보아야 한다. 나라를 다스리는 일에 인간적인 긍휼을 적용한다면 제대로 나라가 다스려질 수 없다. 나라를 다스릴 때는 어쩔 수 없이 작은 예는 무시할 수밖에 없는 순간도 있고, 대의를 위해 불가피하게 소의를 희생해야 할 때도 생긴다. 홍문의 모임에서 목숨을 잃을 위기에 빠졌던 유방을 구해낸 것은 다급한 번쾌의 한 마디였다. "큰일을 도모할 때는 작은 예절 따위는 신경 쓸 필요가 없다"고 외치며, 항우에게 예를 차리지 못했다고 머뭇거리는 유방을 탈출시킨 것이다. 비슷한 말로 《관자》에도 "큰 뜻을 얻을 수 있다면 작은 결함은 신경 쓰지 않는다"고 실려 있다.

맹자는 이런 기본적인 이치를 모르고 덤비는 순우곤이 안타까웠을 것이다. 물론 순우곤 역시 탁월한 재상이기는 하나 맹자가 추구하는 도의 관점에서는 부족한 사람이었다. 그래서 맹자는 인간적인 관점과 천하의 일을 혼동하는 사람에게 천하의 도를 설명하기는 어렵다고 느꼈을 수도 있다. 그래서 한 마디의 유머로 상황을 종료시킨 것이다.

사람들과 대화를 할 때, 특히 회의와 같이 많은 사람들이 모여 대화를 할 때 전혀 비교할 수 없는 대상을 서로 비교하면서 자신의 의견을 피력하는 사람들이 가끔 있다. 일상적인 대화에서도 드물지 않게 그런 경우를 보는데, 이를테면 '축구의 메시, 육상의 우사인 볼트, 골프의 타이거 우즈 중 가장 뛰어난 선수는 누구인가?' 등을 가지고 언쟁을 하는 사람이다. 이런 때 합리적이고 논리적으로 대응한다면 시간 낭비가 된다. 서로 다른 범주의 소재로 아무리 열심히 토론을 해봐야 결론이 날 수 없다. 이때는 적절한 유머나 재치를 활용하여 대화를 끝내는 것이 좋다. 예를 들어 "그때그때 달라요!"라는 한 마디 유행어로 마무리지어 버리는 것이다. 논리적으로 맞지 않는 질문에 아무리 논리적으로 대응하려고 해도 해답을 찾지 못할뿐더러 시간만 낭비하기 십상이다.

유머는 사람들 마음의 벽을 허문다. 그리고 서로 의견이 다른 사람들을 하나로 묶는 역할을 한다. 이성적인 의견이나 주장을 내려놓고 감성적으로 하나가 되게 하는 것이다. 적절한 상황에서 적절한 유머를 활용하라. 썩 말을 잘하지 못해도 대화의 달인으로 인정받는 비결이다.

## 허황된 말에는 더 허황되게

가난했던 장자가 굶주림을 참지 못하고 감하후에게 양식을 빌리러 갔다.
"먹을 음식이 떨어졌네. 좀 빌려주시게."
그러자 감하후가 호기롭게 말했다.
"좋소. 내가 나중에 세금을 걷게 되면 3백금을 빌려주겠소."
당장 식량이 없는데 가능성도 희박한 일을 거론하며 거금을 빌려주겠다고 거들먹거리는 모습에 장자는 화가 났다.
"내가 이리로 올 때 부르는 소리가 있어 돌아보니 수레바퀴 자국 고인 물에 물고기 한 마리가 빠져 이렇게 말하더군. '나는 동해 해신의 신하인데 내가 목말라 죽게 되었으니 물 한 되만 부어주시오.' 그래서 내가 말했지. '알았다. 내가 장차 오나라와 월나라의 왕에게 유세를 떠날 텐데 그 때 서강의 물을 이리로 시원하게 끌어오지.' 그러자 붕어가 '나는 지금 목이 말라 죽을 지경이라 당장의 물 한 되가 급하다. 한데 당신은 이처럼 말하니 차라리 나중에 건어물 가게에서 나를 찾는 것이 더 빠를 것이다'라고 하더군."
● 《장자》 ●

'학철부어涸轍鮒魚'라는 고사의 유래가 되는 이야기다. 장자는 평생을 가난하게 살았지만 그 가난을 뛰어넘는 여유와 자유를 누렸으며, 유머가 넘치는 삶을 살았다. 넓은 세상을 떠돌며 헛된 것에 집착하는 사람들의 얕은 모습을 비웃으며 살았지만 그 역시 당장의 굶주림은 어쩔 수 없었던 것 같다. 며칠을 굶던 그는 크게 마음먹고 잘 아는 친구에게 식량을 부탁하러 갔다.

하지만 그 친구는 아마 장자에게 빌려줘 봤자 제대로 돌려받지 못할 거라고 생각했던 것 같다. 거절을 하고 싶지만 그 와중에도 허풍 부리는 것을 잊지 않는다. '며칠 지나면 세금이 올라올 테니 그 때 보자'는 것이다. 이런 허풍을 보면 과거 한때의 유행어가 생각난다. 가진 것도 없고 아무 근거도 없는 건달이 '인천 항구에 배만 들어오면……'이라며 허세를 떠는 모습이다. 3, 40대의 사람들은 익숙하겠지만 젊은 사람들에게는 생소한 말인지도 모르겠다. '지금은 내가 비록 가진 것이 없지만 곧 내 물건을 잔뜩 실은 배가 인천 항구에 들어

올 것이니 나를 푸대접하지 말라'는 뜻의 말이다. 이런 허풍은 실현 가능성이 전혀 없다는 것을 우리는 잘 알고 있다.

장자는 바로 이런 허풍을 듣고 제대로 한 방 먹인다. 허기를 메울 적은 식량을 빌려주는 것도 하지 않으면서 되지도 않을 허풍까지 부리는 모습이 얼마나 가증했을까는 보지 않아도 잘 알 수 있다. 그래서 장자는 감하후의 허풍에 더 큰 허풍으로 대응한다. 비록 궁한 처지에 몰려 있지만 유머와 여유로 이런 상황에 대응한 것이다.

평범한 사람들은 이런 상황에 처하게 되면 대략 두 가지의 모습을 보인다. 하나는 감정적으로 대응하는 것이다. 당장 필요한 적은 도움도 주지 않으면서 실현 가능성도 없는 공약을 남발하는 모습을 보면 누구라도 화가 치민다. 결국 끓어오르는 화를 참지 못해 감정을 폭발하고 만다. 하지만 이런 대응은 결국 비극으로 끝나기 쉽다. 말다툼을 부르고 폭력을 부르게 된다.

또 한 가지 모습은 비굴해지는 것이다. 어떻게든 이 어려움을 타개하기 위해 상대방에게 매달리게 된다. 하지만 그 결과 역시 희망적이지는 않다. 되지도 않을 공약을 남발하며 이 자리를 모면하려는 사람은 애초에 도와줄 마음이 없는 것이다. 그런 사람에게 아무리 매달려봐야 결과는 마찬가지이다.

물론 우리는 이런 상황에 처하지 않는 것이 좋다. 이왕이면 남을 도와주는 입장에 서서 아낌없이 어려운 사람들을 도울 수 있는 사람이 되는 것이 좋을 것이다. 하지만 이렇게 실천도 하지 않으면서 터무니없는 허풍을 치는 사람들은 어디나 꼭 있기 마련이다. 이 때 장자처럼 멋지게 한 방을 먹일 수 있는 재주와 내공이 필요하다.

하지만 그렇다고 그냥 앉아서 당한 채 맥없이 돌아 나오기에는 너무 아쉬운 생각이 든다. 그 얄미운 인간이 얼마나 기고만장할까 생각하면 도저히 그냥 돌아설 수만은 없을 때가 있다. 하지만 이런 때 감정적으로 대응하거나 매달리며 사정하는 것은 어리석다. 아무것도 얻지 못하면서 상처만 더 깊어질 수도 있다. 이럴 때는 비록 상대가 어리석어 깨닫지 못한다 할지라도 멋지게 한 방 먹일 수 있어야 한다. 이왕이면 두고두고 상대방이 곱씹어볼 수 있는 뼈 있는 한 마디면 더 좋을 것이다.

# 어려울수록
# 해학을 잊지 않는다

장의는 초나라 재상과 술을 마시다가 재상의 백옥을 훔쳤다는 누명을 썼다. 수백 대의 매를 맞았지만 끝내 자신의 결백을 주장했던 장의는 힘겹게 풀려날 수 있었다.
만신창이가 된 장의를 보고 아내가 말했다.
"당신이 유세를 배우지 않았다면 재상의 백옥을 훔쳤다는 누명을 쓰지는 않았을 텐데요……."
그러자 장의가 자신의 혀를 내보이며 말했다.
"내 혀가 아직 그대로 있는지 봐주시구려. 아직도 있소?"
아내가 웃으며 대답했다.
"혀는 아직 붙어 있네요."
"그러면 됐소."

• 《사기열전》 •

장의의 아내는 유세를 업으로 삼으려는 장의를 말리고 싶은 마음에 말을 꺼냈다. 하지만 장의는 구구절절이 자신의 꿈과 포부를 이야기하며 아내를 설득하기보다는 유머 넘치는 단 한 마디의 말과 행동으로 자신의 뜻을 내보였다. 비록 어렵고 힘든 상황을 겪었지만, 자신의 뜻은 확고하기 때문에 혀가 남아 있는 한 결코 포기하지 않겠다는 뜻을 확실하게 보인 것이다.

장의는 그 당시 소진과 함께 《귀곡자》의 저자로 유명한 귀곡 선생에게 설득술 유세법을 배웠다. 그리고 먼저 세상에 나와 이미 합종책으로 천하에 이름을 떨친 소진에 대항하여 연횡책으로 합종책을 무너뜨리게 된다. 합종책은 그 당시 최강국이었던 진나라에 대항하여 연·한·초·제·위·조의 여섯 나라가 힘을 합쳐 대항하자는 계책이었고, 연횡책은 진나라의 편에서 나온 계책으로, 이 여섯 나라와 각각 연맹을 맺어 여섯 나라를 서로 견제하고 천하통일을 위한 기반을 닦자는 것이었다.

우리가 잘 아는 용어인 '합종연횡合從連衡'의 유래가 된 고사이다. 장의의 연횡책은 진나라 왕에 의해 채택이 되었고, 장의는 여러 나라를 다니며 왕들을 설득하게 된다. 결국 장의는 탁월한 외교술과 유세술로 여섯 왕들을 설득하는 데 성공하였고, 연횡책은 훗날 진나라가 천하를 통일하는 데 귀한 밑거름이 될 수 있었다.

장의는 이 같은 능력을 갖춘 탁월한 인물이었지만 동시에 익살과 유머가 넘치는 사람이었다. 요즘은 많이 달라졌지만 밖에서 일을 하는 남자들은 집에 있는 아내를 은근히 무시하는 경우가 많다. 심지어 아내를 물고기에 비유하면서 "잡은 물고기에 먹이 주는 것 봤느냐?"며 거드름을 피우는 한심한 남자도 있다. 그리고 밖에서 발휘하는 능력을 집에서는 보이지 않는 경우가 많다. 유머가 넘치는 개그맨들이 집에서는 말수가 없고 무뚝뚝한 사람이 되는 것도 그런 경우이다. 마찬가지로 밖에서는 탁월한 능력자와 훌륭한 인격자로 대접받는 사람이 집에만 들어오면 한갓 평범한 사람들보다 더 못한 행동을 하는 경우도 있다. 특히 아내의 잔소리에 극단적으로 반응하면서 싫어하는 경우도 있다. "집에 있는 당신이 무얼 안다고 그래?" 하며 아내를 무시하는 것이다.

하지만 장의는 집의 아내에게도 유머로 웃음을 줄 수 있는 인물이었다. 장의는 아내의 잔소리에 유머로 재치 있게 그 상황을 넘겼다. '당신이 아무리 잔소리를 해도 내 혀가 남아 있는 한 나는 내 꿈을 버리지 않을 것이다'라는 이야기를 한 편의 코미디와 같이 한 것이다. 아마 아내도 처음에는 기가 막힌 표정으로 남편을 쳐다봤겠지만, 곧 남편의 뜻을 알고 함께 웃고 넘겼을 것이다.

이처럼 심각한 상황을 반전시키는 것이 바로 한 마디 유머의 힘이다. 유머는 아내와의 관계도 부드럽게 만들어주지만 비즈니스에서도 엄청난 힘을 발휘한다. 미국 최고의 세일즈 컨설턴트인 제프리 지토머는 "고객을 웃게 할 수 있다면 사게 할 수 있다"고 말해 세일즈의 해답이 웃음과 유머라고 한 마디로 정의했다. 세일즈에서 유머가 이처럼 중요한 역할을 하는 것은 세일즈맨과 고객 간의 서먹서먹한 관계를 녹여주는 아이스 브레이커icebreaker의 역할을 하기 때문이다.

이뿐 아니라 유머는 대인관계에서도 큰 역할을 한다. 실제로 많은 조사에서 직장이나 조직 내에서 가장 인기 있는 유형으로 꼽히는 사람도 '유머가 있는 사람'이다. 꼭 조사 결과를 거론하지 않더라도 밝고 유머가 넘치는 사람을 싫어할 사람은 없을 것이다. 왜 개그맨들이 예외 없이 지적이고 아름다운 미녀들과 결혼하는지를 생각해보라.

혹시 이렇게 묻는 사람이 있을지도 모르겠다. "나는 천성적으로 유머 감각이 없는데 어떻게?" 유머 감각은 타고난 것도 있지만 대부분 노력으로도 키워진다. 유재석도 데뷔 초기에는 카메라 울렁증으로 방송에서 제대로 말도 못했다고 한다.

# 교만한 자
# 보내는 법

송나라 사람 조상이 송왕의 명을 받아 진나라에 사신으로 갔다. 출발할 때 겨우 몇 대의 수레를 타고 갔을 뿐이지만 올 때는 진왕으로부터 무려 1백 대의 수레를 얻어 돌아왔다. 그는 장자를 만나 교만하게 자랑했다.

"무릇 자네처럼 궁핍한 곳에서 곤궁하게 사는 것은 내가 잘하지 못하는 일이다. 그러나 단 한 번에 대국의 왕을 깨우쳐주고 1백 대의 수레를 끌고 돌아오는 일은 내가 잘하는 일이다."

거들먹거리며 아니꼽게 구는 그 모습을 보고 장자가 말했다.

"진왕이 병이 생겨 의원을 부르면 종기를 낫게 하는 자는 수레 1대, 치질을 핥는 자는 수레 5대를 얻는다. 치료 부위가 아래로 내려갈수록 얻는 수레가 많아지는 것이다. 당신은 진왕의 어디를 핥아주었는가? 도대체 무엇을 했기에 그토록 많은 수레를 얻은 것인가? 당장 이 곳을 떠나도록 하라!"

• 《장자》 •

진왕에게 유세를 하여 1백 대의 수레를 얻었다면 굉장한 언변을 가진 유세가라고 할 수 있다. 하지만 그의 언변은 단지 상대의 마음을 간질이는 '교언영색巧言令色'에 불과했을 것이다. "달콤한 말과 꾸미는 얼굴을 하는 사람은 인한 사람이 없다"는 논어의 말처럼 내면의 깊이는 전혀 없는 얄팍한 언행으로 왕의 마음을 사로잡았음이 틀림없을 것이다. 장자는 그것을 정확하게 파악하고 있었다. 만약 말하는 재주를 도리와 덕으로 뒷받침할 정도의 진정한 실력자였다면 겸손한 언행으로 자신을 낮추었을 것이고, 결코 다른 사람 앞에서 교만을 떨지는 않았을 것이다. 특히 장자 앞에서는 더욱 그래야 했다. '도'를 추구하는 장자의 인물됨을 인정했을 것이고, 더더구나 장자의 누추한 모습을 비웃지도 않았을 것이다. 하지만 조상은 장자 앞에서 겸손은커녕 자신을 과시하는 것도 모자라 장자의 가난과 곤궁함까지 비웃었다.

하지만 장자가 누군가? 장자는 이런 상대의 얄팍한 재주를 인정하지도 않았고, 진왕으로부터 얻어온 1백 대의 수레가 부럽지도 않았다. 물론 진왕으로부터 그 많은 수레를 얻었다는 사실을 보면 조상은 어느 정도의 능력을 갖추고 있었다고 보인다. 하지만 강한 자에게는 능수능란하게 아첨을 떨고, 빈곤한 사람에게는 교만을 떠는 천박한 재주는 장자와 같은 사람에게는 보잘 것 없는 것이었다.

그렇기 때문에 아무리 앞에서 거들먹거려도 장자는 전혀 마음에 흔들림이 없었다. 만약 장자가 상대의 말에 화가 나서 흥분했거나, 상대가 자랑하는 부와 명예가 부러웠다면 결코 마음의 평정을 유지하지 못했을 것이다. 하지만 장자에게는 그런 것들이 상대적으로 하찮고 보잘 것 없는 것이었기에 냉정하고 지혜롭게 그 상황을 대처할 수 있었다.

눈앞에서 자신의 잔재주를 자랑하며 교만하게 구는 조상에게 장자는 단 한 마디의 말로 끝장을 내었다. '이에는 이 눈에는 눈'이라는 말이 있듯이 그 수준에 알맞은 말로 거침없이 질타를 했다. 아니 '되로 받고 말로 갚아준다'는 말이 더 적절한 것 같다. 이 말을 들은 조상은 입이 떡 벌어졌을 것이고, 도저히 뭐라고 대꾸할 엄두를 낼 수 없었을 것이다.

천박하고 교만하게 자신의 부와 얄팍한 재주를 뽐내는 사람들이 우리 주위에도 많이 있다. 이들에게 사람의 도리와 덕을 아무리 이야기해도 이들은 알아듣지 못한다. 서로 추구하는 가치관이 다른 것이다. 안타깝게도 이치를 따져 말하는 것이 아무런 의미가 없을 때가 있다. 그래서 때로는 더 이상 말을 잇지 못할 만큼 따끔한 말로 상대를 압도할 필요도 있다. 실제로 교만하고 약자 앞에서 거만한 사람일수록 오히려 강자 앞에서는 약하고 비굴한 모습을 보인다.

이들에게 강자란 자신보다 높은 사람, 많이 가진 사람이다. 따라서 이들은 자신보다 더 부자, 더 지위가 높은 사람에게 머리를 숙인다. 하지만 자신보다 상대가 약하다고 판단하면 마음껏 짓밟는다. 얼마 전 한창 화제가 되었던 한 대기업의 거래 대리점에 대한 횡포, 한 제과업체 사장이 주차관리인에게 폭력을 휘두른 일 등이 바로 그런 내면의 발로인 것이다.

이런 사람들에게는 장자처럼 강력한 말로 대응할 수 있어야 한다. 탄탄한 내면과 깊이에서 뿜어져 나오는 한 마디 말로 더 이상 대꾸조차 할 수 없도록 강력하게 응징해야 한다. 물론《신서》에 있듯이 '말은 한 번 내뱉으면 돌이키기 못한다.' 그만큼 말은 최대한 신중하게 해야 한다. 하지만 조상과 같이 철저하게 교만하고 함부로 말하는 사람에게는 그에 합당하게 대처할 수도 있어야 한다.

한 가지 명심해야 할 것은 상대가 더 이상 입을 뻥긋할 수도 없을 정도로 강력해야 한다는 것이다. 상대에게 자칫 빌미를 주게 되면 어설픈 말다툼이 될 수도 있으니 말이다.

# 여유 있게 기지를 발휘하라

공자가 정나라로 가던 길에 제자들과 떨어져 혼자 남게 되었다. 제자들이 공자를 찾아다니던 중, 한 사람이 자공에게 말했다.

"동문 밖에 한 사람이 서 있는데 그 머리는 요堯임금과 같고, 목은 고요皋陶와 같았으며, 어깨는 재상 자산子産과 닮았고, 허리 아래는 우禹임금보다 세 치가 짧았습니다. 몹시 지치고 풀이 죽은 모습이 마치 상갓집 개와 같더군요."

나중에 공자를 만난 자공이 이 말을 전하자 공자는 감탄하며 이렇게 대답했다.

"용모는 그가 말한 것이 맞다고 할 수 없으나, 상갓집 개와 같다고 한 것은 맞다, 맞아!"

• 《공자가어》, 《사기》 •

노나라에서 실각한 공자는 55세의 나이에 노나라를 떠나 온 천하를 주유하게 된다. 자신의 철학인 '인'과 '예'를 기반으로 통치하는 나라를 찾기 위해 노력했지만, 무력과 전쟁이 끊이지 않는 세상에서 제후들은 공자의 고상한 생각을 받아들이기가 어려웠다. 현실에 맞지 않는 이상적인 말만 하는 사람으로 공자를 인식했던 것이다. 이렇게 여러 나라를 떠도는 동안 공자는 수없이 죽을 고비를 넘기는 등 심한 고초를 겪게 된다. 양호라는 도둑으로 몰려 죽을 고비도 넘겼고, 군대에 포위당해 며칠을 굶은 일도 있었다.

결국 이런 힘든 과정을 견디다 못한 다혈질 제자 자로는 "군자도 이런 일을 당합니까?"라며 공자에게 따지기도 했다. 자로가 그렇게 물은 뜻은 '스승님이 뭔가 부족한 점이 있고, 군자에 못 미치기 때문이 아닌가' 하는 항변이었다. 한 마디로 스승의 권위에 대한 도전이었다. 자공 역시 공자에게 "스승님의 뜻이 너무 높고 고결해서 사람들이 받아들이지 못하니 수준을 좀 낮추면 어떻겠습니까?"라며 현실과 타협할 것을 권하기도 했다. 공자로서는 제자들이 한심하고 한편으로 제자들까지 자신의 뜻을 알아주지 못하는 것이 안타까웠을 것이다.

공자의 고난의 클라이맥스는 아마 위의 장면이 아닌가 싶다. 공자는 '인의예지仁義禮智'로 대변되는 군자의 내면을 가장 중요시하기는 했지만, 든든한 내면으로부터 뿜어져 나오는 외면의 기품 또한 중요하게 생각했다. 그래서 공자는 겉과 속이 함께 조화를 이루는 것을 바람직하다고 했다. 《논어》 옹야편에서 말했듯이 "바탕과 겉모습이 조화롭게 어울린 후에야 군자답다"라고 한 것이다. 한편 공자는 군자의 모습 역시 '군자삼변君子三變'을 통해 겉과 속의 조화를 말하고 있다. 멀리서 바라보면 위엄이 있고, 가까이 다가가면 따뜻하고, 말을 들어보면 합리적인 사람, 내면뿐 아니라 겉모습도 충실한 사람이 군자라는 것이다.

위의 고사에서 행인은 공자의 외적인 모습을 상세하게 설명하면서, 그 외적인 모습을 아울러서 공자의 이미지를 '상갓집 개'라고 표현했다. 어떻게 보면 누군가를 묘사함에 있어서 가장 비천한 표현을 한 것이나 다름없다. 사람을 개에 비유하여 표현하는데 기분 좋을 사람은 없다. 심지어 개 중에서 '주인을 잃어 처량한 개', '상갓집에서 이리저리 치이는 구박덩어리 개'로 지칭한다면 자존심 상하지 않을 사람이 어디 있겠는가? 요즘 같이 극단적인 감정 표현의 시대라면 정상적인 이라도 폭력을 부를 법한 일이다.

게다가 제자인 자공의 행동 또한 별로 바람직하지 않았다. '흥정은 붙이고 싸움은 말리라'는 말이 있는데, 자공은 싸움을 붙이는 것과 같은 행동을 했다. 백 번 양보하여 "진실만 말하라"고 가르쳤던 스승의 말씀에 빗대어도 자공의 말은 이치에 맞지 않다. 똑똑하다고 소문난 자공의 이미지와도 어울리지 않는 처사였다.

하지만 공자는 자신의 용모에 대해서 말한 것은 차치하더라도, 자신의 이미지를 '상갓집 개'와 같다고 표현한 것은 딱 맞다고 감탄하고 있다. "맞다, 맞다!"는 감탄사를 두 번이나 쓰면서 인정하고 있는 것이다. 실상 그 당시 공자는 많은 제후들과의 만남에서 자신의 뜻을 펴지 못하고 온 천하 곳곳을 여기저기 방랑하는 처지였다. 밥을 굶는 것은 다반사였고, 목숨의 위협도 수시로 받았으며, 심지어 다른 사람들은 물론 제자들로부터도 그 존엄성에 대해 의심을 받곤 하던 실정이었다.

그럼에도 공자는 자신의 처지를 있는 그대로 받아들일 줄 아는 사람이었다. 그리고 그것을 웃음과 유머로 승화할 줄 아는 여유가 있는 사람이었다. 그랬기에 훗날 동양철학의 시조이며 위대한 성인으로까지 인정받을 수 있었던 게 아닐까.

고난에 처했을 때 그것을 있는 그대로 받아들일 수 있고, 여유와 유머로 승화할 수 있으면 그 사람은 어떤 일도 해낼 수 있다. 위대한 모든 사람들의 공통점이다. 미국의 대통령이던 링컨 역시 어린 시절부터의 삶은 한 마디로 고난 극복의 역사라 해도 될 정도였다. 하지만 그는 자신의 고난을 극복해야 할 대상으로 여겼고, 그 상황을 웃음과 유머로 극복해나가 인류사에 위대한 업적을 남길 수 있었다.

그는 "내가 웃지 않고 살았다면 나는 이미 죽었다. 여러분도 웃음이라는 보약을 복용해보라"고 말하기도 했다.

도를 넘어서는 언행이나 곤란한 상황에 맞닥뜨렸을 때 기지와 유머를 발휘하는 여유, 삶을 풍요롭게 하고 좋은 결과를 만드는 첩경이다. 하지만 공자처럼 외모에 대해서는 좀 더 자부심을 가져도 좋을 것이다.

제5편

# 우화우언

寓話寓言

: 이야기로써
풍자와 교훈을
전한다

寓 話 寓 言
이야기로써 풍자와
교훈을 전한다

# 권위 있는 자의
# 힘을 업어라

소대蘇代가 연나라를 위해 제나라 왕에게 유세를 해야 했다.
왕을 만나기 전 소대는 먼저 제나라의 유명한 신하 순우곤을 만나
이렇게 부탁했다.
"어떤 사람이 자신의 말을 팔고자 3일 동안이나 시장에 나갔지만
아무도 그 준마를 알아주지 않았습니다. 그러자 그는
탁월한 말 감정사 백락을 찾아가 말했습니다.
'제 말이 훌륭한 준마인데 막상 팔려고 시장에 나가도 관심 갖는 사람이
아무도 없었습니다. 부디 그곳에 오셔서 말을 잠깐 보시고, 뒤돌아
가시다가 한 번만 뒤를 돌아보시기 바랍니다. 그러면 제가 말 장사로
버는 돈 하루치를 드리겠습니다.'
백락이 곧 그곳에 들렀고, 한 번 뒤돌아보고 갔는데 말 값이
열 배가 뛰었다고 합니다. 제가 지금 그 준마가 되어 제나라 왕 앞에
왔는데 저를 돌아보는 사람이 한 사람도 없습니다. 부디 선생께서
백락의 역할을 해주실 수 있는지요.

제가 성공하면 백벽白璧 한 쌍과 황금 일천 일鎰을 드려 말 먹이 값 정도로 사례하겠습니다."

• 《전국책》 •

순우곤은 이를 수락했고 소대가 왕을 만나기 전 소개를 함으로써 두 사람이 반갑게 만날 수 있도록 했다.

소대는 합종책으로 유명한 소진의 동생으로 그 자신이 탁월한 유세가였다. 이 고사에서 보면 그는 인간의 심리에 대해서도 꿰뚫고 있는 심리학의 대가였던 것 같다. 여기서 소대가 보여준 비책은 현대 심리학에서 후광효과라고 하는 것으로 '어떤 사람이 훌륭한 점이 한 가지 있다면 그 사람의 다른 모든 점이 훌륭하게 보인다'는 심리 이론이다. 이 경우처럼 다른 유명한 사람이 어떤 사람을 칭찬하거나 인정을 하면, 칭찬하는 사람의 명성에 힘입어 그 사람 역시 인정을 받게 된다는 것도 후광효과라고 할 수 있다. 오늘날 이 기법은 광고나 홍보 분야에서 많이 쓰이는데, 대표적인 것으로는 유명한 배우나 스포츠 선수를 광고모델로 기용하는 것이다.

소대는 이런 점을 잘 알고 있었기 때문에 왕을 만나기 전에 미리 왕이 총애하는 신하인 순우곤을 찾아가 만났다. 그리고 순우곤에게 자신을 추천해줄 것을 부탁했다. 그런데 그 방법이 교묘하다.

소대의 비유에 등장하는 백락은 당시 가장 뛰어난 말 감정사였다. 그는 훌륭한 말을 감별하는 데 있어서 당대에 경쟁자가 없을 정도로 유명한 사람이었다. 그런 그를 시장으로 나오게 해 말을 직접 살펴보게 하고, 돌아갈 때 한 번 뒤돌아보게 한 것은 그 말의 진가를 인정하는 모습을 사람들에게 보인 것이다. 사람들은 자신이 좋아하는 것, 갖고 싶은 것이 있는데 그것을 사지 못하게 되면 아쉬움과 미련으로 자꾸 뒤를 돌아보게 된다.

사람들은 말 전문가인 백락이 말을 유심히 살피고 또 발을 돌리며 뒤돌아보는 모습을 보고 백락이 그 말의 진가를 인정한 것으로 여기게 되었고, 경쟁적으로 값을 올린 결과 무려 처음보다 열 배나 높은 가격을 치르게 되었다. 말 주인은 소위 대박을 친 것이다. 하지만 엄청난 폭리를 취한 말 주인은 백락에게 하루치 이익금의 사례밖에는 하지 않았다. 즉, 백락이 했던 행동의 가치를 크게 여기지 않았다는 것을 넌지시 말하고 있는 것이다.

소대는 한편 순우곤에게 귀한 보석인 백벽 한 쌍, 황금 일천 일의 엄청난 보상을 약속하면서 이것을 '말 먹이 값' 정도라고 하며 매우 약소하게 표현했다. 이런 표현으로 소대는 두 가지 측면을 노렸다고 볼 수 있다. 하나는 자신이 주는 보상은 하루 말 먹이 값 정도로 약소하므로 순우곤이 크게 심리적인 부담을 느낄 필요가 없다는 것이다. 또 하나는 이는 그만큼 사소한 일이니 크게 부정하거나 위험하지도 않으리라는 것을 은근히 순우곤에게 표현하고 있다. 하지만 실상은 엄청난 가치의 보상을 함으로써 순우곤의 마음을 확실히 붙잡았다.

후광효과는 우리의 일상에서도 잘 활용할 수 있는 기법이다. 이 기법은 크게 위험하지도 부담스럽지도 않게 쓸 수 있는데 가장 핵심은 먼저 내가 잘하는 것 한 가지를 사람들의 인식에 심어주는 것이다. 물론 그 일이 탁월한 능력을 보이는 것이면 가장 좋겠지만 꼭 남다른 능력이 아니어도 괜찮다. 남들보다 조금 일찍 출근하는 성실함, 상사와 거래처 사람들에게 보이는 예의 바른 행동만으로도 충분히 다른 사람에게 좋은 인상을 심어줄 수 있다. 그리고 이 같은 작은 노력이 나에 대한 좋은 평가로 이어지는 것이다.

또한 조직에서 어떤 일을 추진할 때도 마찬가지다. 만약 어떤 중요한 사람을 설득해야 한다면 그 사람이 가장 좋아하고 존경하는 사람을 통해 나를 소개하도록 한다면 소대와 같이 좋은 결과를 얻을 수 있을 것이다. 훌륭한 사람의 추천은 큰 힘이 있다. 게다가 소대처럼 교묘하게 사람을 움직일 수 있다면 금상첨화일 것이다.

# 감정이입할 수 있는
# 스토리를 만들라

조나라가 연나라를 치려고 하자, 소대가 연나라를 위해
조나라 혜왕을 만나 말했다.
"제가 오늘 역수易水를 지나오다가 본 장면입니다. 큰 조개 한
마리가 껍질을 열고 햇볕을 쬐고 있었는데 휼鷸이라는 새가 조개의
속살을 부리로 집었습니다. 그 조개도 얼른 입을 다물어 새의
부리를 집었습니다. 그러자 휼이 우물거리며 말했습니다.
'만약 내일까지 비가 오지 않으면 너는 말라 죽을 걸.'
조개 역시 우물거리며 말했습니다.
'내가 내일까지 부리를 놓아주지 않으면 죽는 것은 바로 너다!'
둘은 서로를 물고 늘어지면서 아무도 양보하지 않았습니다. 그 때
그곳을 지나가던 어부가 그 장면을 보고 둘을 한꺼번에 손쉽게
잡아버렸습니다.
지금 이 이야기가 바로 조나라가 연나라를 친 것과 같습니다.
두 나라는 이 새와 조개처럼 모두 피폐하게 되고, 결국 그 틈에

진나라와 같은 강대국만 좋은 일을 보게 되겠지요.
부디 왕께서는 깊이 헤아리시기 바랍니다."

• 《전국책》 •

　결국 조나라 혜왕은 이 의견에 공감하고 연나라를 치려던 계획을 중단하였다. 이 고사는 우리가 잘 아는 '어부지리漁父之利'의 원전이다.
　옛날 중국에서는 다른 나라를 침범하여 전쟁을 벌이는 것이 일상화되어 있었다. 그래서 이 시대를 전국시대戰國時代라고 부르는 것이다. 당시 활동하던 공자와 맹자를 비롯한 유가와 도가의 학자들은 모두 왕들을 설득하여 도덕과 인의로 다스려지는 나라를 만들려고 했지만 이미 전쟁을 통해 다른 나라를 침범하는 데 익숙해진 왕들을 설득하기는 어려웠다. 하지만 이들 학자와 유세가들의 노력으로 일어날 수도 있었던 많은 전쟁들을 막았던 것도 사실이다. 여기서 보는 고사 역시 소대가 재미있는 우화를 통해 왕을 설득함으로써 곧 일어날 전쟁을 막았다는 것을 보여준다.
　옛날에는 성질이 급하거나 고집불통의 왕을 설득하기 위해 많은 신하들이 목숨을 걸어야 했다. 이들은 왕을 설득하기 위해 심지어 도끼를 들고 왕 앞으로 나아가는 지부상소持斧上疏를 올리기도 했다.

자신의 상소를 들어주지 않으려거든 차라리 도끼로 자신의 목을 치라는 무시무시한 상소였다. 이처럼 무지막지한 상소를 올리는 신하도 있었고, 또 그래야만 했던 상황도 있었을 것이다. 하지만 현명한 신하들은 대부분 이런 극단적인 상소보다는 다양한 비유를 통해 왕의 마음을 풀어주고, 그래서 그 마음을 설득하는 방법을 택했다.

이 고사에서 소대는 이미지와 스토리를 이용하여 혜왕을 설득하고 있다. 소대의 말을 들어보면 큰 새와 조개가 서로 고집을 부리며 물고 물린 모습, 그리고 지나가던 어부가 그 둘을 홀랑 잡아서 휘파람을 불며 집으로 돌아가는 장면이 이미 눈에 선하지 않은가? 혜왕은 소대를 통해 이 두 미련한 동물들의 모습에 자신의 상황을 비춰 볼 수 있었다.

고만고만한 전력의 연나라와 힘겹게 싸우는 모습, 그 과정에서 피폐해가는 백성들의 삶과 목숨을 잃는 수많은 군사들의 모습, 그리고 옆에서 그것을 지켜보며 즐기던 대국 진나라가 쳐들어와 지쳐버린 두 나라를 집어삼키는 장면을 충분히 그려볼 수 있었던 것이다. 그래서 '아차' 하는 마음이 들었던 혜왕은 자신의 어리석은 계획을 중단할 수 있었다.

사회생활, 조직생활을 하면서 다른 사람을 설득하는 것처럼 어려운 일이 없다는 데에 많은 사람들이 공감할 것이다. 더구나 그 상대가 어려운 상사라면 설득은커녕 말을 붙이기도 어려울 때가 많다.

하지만 오늘날은 커뮤니케이션의 시대이다. 실제로 근무 시간에서 약 75~90%가 커뮤니케이션이 차지하고 있다는 조사 결과도 있다. 듣는 데 50%, 말하는 데 35%, 쓰고 읽는 데 15%를 차지한다는 것이다. 이런 중요한 일을 어렵다고 해서 혹은 하기 싫다고 해서 포기할 수는 없다. 어떻게 하든지 커뮤니케이션 기법을 배우고 익혀 상사와 거래처를 설득하는 능력을 키워야 한다. 이때 그 커뮤니케이션이 단순한 기술에서 비롯된 것이 아니라, 고전의 지혜와 품격을 우려낸 것이라면 더욱 좋지 않겠는가. 그렇게 내공 있는 말이라야 결국 사람을 움직일 수 있다.

직장생활을 하다 보면 어설프게 충신 흉내를 내려는 사람들을 보곤 한다. 우리나라 사극이나 중국 역사 드라마를 지나치게 많이 보았는지 툭 하면 상사들에게 자신의 의견을 들이밀며 고집을 부리기도 한다. 그리고 꼭 아침 회의 때마다 상사와 의견충돌을 일으켜 좋은 아침 분위기를 깨뜨리고 만다. 안타까운 일이다. '상사는 당신이 가려고 하는 곳을 지키는 문지기'라는 말이 있다. 이처럼 중요한 상사와 좋은 관계를 맺지 못하는 것은 스스로 자신의 문을 닫아버리는 것과 같다.

유머로 재치로 웃으며 자신의 의견을 관철하는 사람이 현명한 사람이다. 항상 좋은 평판으로 사람들과 좋은 관계를 유지하며, 오랜 직장생활에서 최후의 승자가 될 수 있는 사람인 것이다.

# 이미지로
# 간언하라

위영공 때 미자하가 총애를 믿고 멋대로 전횡했다.
한 난장이가 영공을 만났을 때 다음과 같이 말했다.
"저의 꿈은 영험이 있습니다."
"무슨 꿈인가" 영공이 묻자 난장이는 말했다.
"꿈에 부엌의 아궁이를 보았는데 군주를 만나게 되었습니다."
그러자 영공이 화가 나서 말했다.
"내가 듣기로 꿈에 태양을 보면 군주를 만난다고 했다. 그런데 어찌 꿈에 아궁이 따위를 보고 과인을 만나려 했다는 건가?"
난장이가 대답했다.
"무릇 태양은 천하를 두루 비추는 까닭에 한 사물로는 그것을 가질 수 없습니다. 군주도 온 나라를 두루 비추는 까닭에 한 사람으로는 능히 가질 수 없기에, 군주를 알현하는 자는 꿈에 태양을 본다는 것입니다. 무릇 부엌의 아궁이는 한 사람이 불을 때면 뒷사람은 그 불빛을 보지 못합니다. 혹시 지금 한 사람이 군주 앞에서 불을 때고 있는 것은 아닙니까? 만약 그렇다면 제가 꿈에서 부엌의 아궁이를 본 것이 맞지 않습니까?"

• 《한비자》 •

《한비자》에는 미자하에 관한 더 유명한 이야기가 실려 있다. 미자하는 위영공의 총애를 받은 미소년, 마치 요즘의 시각으로 보면 아이돌 가수와 같은 미모를 가진 소년이다.

미자하가 한창 위영공의 총애를 받고 있을 때 어머니가 아프다는 이야기를 듣고 영공의 수레를 훔쳐 타고 간 적이 있다. 그 당시 군주의 수레를 무단으로 타면 발목이 잘리는 형벌을 받게 되는데, 영공은 그 보고를 받고도 다음과 같이 이야기했다.

"효자로다. 모친을 위해 발이 잘리는 형벌도 두려워하지 않았구나."

얼마 후 함께 과수원에 갔을 때 미자하가 먹던 복숭아를 갖다 바친 적이 있었다. 그러자 위영공은, "얼마나 나를 사랑했으면 이 맛있는 복숭아를 제가 다 먹지 않고 나에게 주었을까?"라고 말했다. 참으로 눈물겨운 사랑이라고 하지 않을 수 없다.

하지만 세월이 흘러 미자하의 아름다운 용모도 사라지고, 영공의 총애 역시 함께 사라지자 영공은 옛날 일들을 싸잡아서 이렇게 말했다.

"이놈은 과인의 수레를 감히 몰래 훔쳐 탄 적도 있고, 제가 먹던 더러운 복숭아를 나에게 먹으라고 준 괘씸하기 짝이 없는 놈이다."

참으로 얄팍한 사람의 마음이 아닐 수 없다. 총애하는 마음이 식자 예전엔 좋아보였던 일까지 모두 괘씸하게 생각되었나 보다.

군주의 마음을 잡을 줄 알아야 제대로 군주를 설득할 수 있다. 아무리 말솜씨가 뛰어나도 군주가 그를 좋아하지 않으면 소용이 없고, 아무리 버르장머리가 없는 신하라고 해도 군주가 좋아하면 군주를 한 손에 쥐고 흔들 수 있다. 여기서 우리는 사람을 설득하는 가장 핵심적인 단초를 얻을 수 있다. 사람을 설득하려면 가장 먼저 그의 마음을 읽고 그 마음을 사로잡을 수 있어야 하는 것이다.

위영공의 사랑을 받고 있던 미자하였기에 그 전횡이 얼마나 대단했을지 충분히 짐작할 수 있다. 많은 신하들이 아무리 이야기해도 군주의 마음을 돌릴 수 없었고, 미자하의 전횡이 백성들에게도 알려져 나라의 근심거리가 되었다. 그래서 결국 일개 난장이까지 나서서 과감하게 미자하의 전횡에 대해 영공에게 충언을 했을 것이다. 《한비자》에 이 이야기의 결론에 대해 나와 있지는 않으나 고사로 미루어보면 미자하보다는 그 난장이의 비극으로 끝나지 않았을까 짐작할 수 있다. 하지만 미자하 역시 위에서 보듯이 위영공의 총애를 잃고 만다. 진정성에 기반을 두지 않은 것에 기대면 오래 지속될 수가 없는 것이다.

군주는 태양처럼 모든 사람을 비추어야 하지만 지금의 위영공은 마치 아궁이의 불처럼 미자하에 의해 가리어져 아무에게도 빛을 비추고 있지 못하다는 통렬한 지적이다. 왕의 위엄을 건드렸기에 상당히 위험한 상황이 될 수도 있었지만 이처럼 목숨을 건 간언이 필요한 순간도 분명히 있을 것이다.

이러한 간언은 단순히 논리적으로, 이론적으로 접근하면 실패할 가능성이 높다. 군주의 마음을 감성적으로 흔들어야 하는데, 이 때 사용할 수 있는 것이 바로 이미지를 마음속에 그리도록 하는 것이다. 마음속에 그린 이미지는 직접 보는 것과 똑같이 우리 두뇌 속에서 작용을 한다. 오히려 마음의 이미지가 훨씬 더 강력하게 작용한다. 요컨대 이미지 활용은 간접적인 접근 방식이되 직언만큼이나 생생한 전달이 가능하며, 효과는 더욱 강렬하고, 위험은 낮출 수 있는 탁월한 방식이다.

# 잘 아는 것으로
# 이야기하라

제나라 왕이 위나라를 치려고 하자 신하인 순우곤이 제나라 왕에게 말했다.

"한자로韓子壚는 천하에 빠른 사냥개이고, 동곽준東郭逡은 교활하기로 유명한 토끼입니다. 그 명견이 토끼를 잡으려면 산을 세 바퀴를 돌아야 하고 다섯 번을 오르내려야 합니다. 결국 둘 다 힘이 빠져서 쓰러지고 맙니다. 그 때 이득은 누가 보게 될까요? 옆을 지나가던 농부가 아무런 힘도 들이지 않고 둘을 잡게 됩니다. 지금 제나라와 위나라가 싸워 병사가 지쳐 쓰러지고, 백성의 삶만 피폐해진다면 결국 진나라나 초나라가 그 농부처럼 득을 보게 될까 두렵습니다."

•《전국책》•

나라와 나라 간의 전쟁에는 여러 가지 이유가 있을 수 있다. 오나라와 월나라처럼 역사적으로 뿌리 깊은 원한이 있는 경우도 있고, 한 나라를 다스리는 왕의 정복욕이 남달리 강해서일 수도 있으며, 또 사소한 일로 서로 간의 자존심 싸움이 벌어졌기 때문일 수도 있다.

중국 전국시대에는 이런 이유뿐 아니라 모든 나라들이 합종연횡을 거듭하면서 전쟁을 일상사처럼 했다. 결국 백성의 삶은 점점 더 피폐해져갔고, 수많은 병사들이 전쟁터에서 목숨을 잃어야 했다. 이처럼 참담했던 전쟁을 결정하는 것은 왕이었지만, 왕은 자신이 데리고 있는 책사策士들의 의견을 주로 참고했다. 그들 중 유명했던 사람들이 바로 '합종연횡'의 주창자였던 소진과 장의였고, 여기에 등장하는 순우곤도 뛰어난 전략가이자 유세가로 많은 활약을 펼쳤다.

순우곤은 중국 제나라의 학자 겸 정치가로서 탁월한 말솜씨로 유명했다. 비록 체격도 왜소하고 천한 출신이었지만 그 당시 중요한 역할을 담당했던 인물이다. 그래서 《사기》, 《전국책》 등의 역사서에 많이 등장했고, 《맹자》에서는 맹자와 언쟁을 벌이는 인물로 그려지기도 했다.

순우곤은 전쟁을 하려는 제나라 왕을 설득하면서, 비유의 달인 혜자가 했던 것처럼 왕이 잘 알고 있는 것으로 비유를 들었다. 한자로와 동곽준이라는 그 당시 잘 알려져 있던 이야기 속의 동물들을 등장시켜 한 편의 스토리를 만들어 왕에게 이야기한 것이다. 한자로와 동곽준은 왕도 알고 있을 정도로 유명한 동물이었기 때문에, 그들의 이야기를 들으며 그 상황을 충분히 그려볼 수 있었을 것이다.

'스토리는 사실보다 강력한 힘이 있다'고 한다. 팩트는 사람들의 이성에 호소하지만 스토리는 사람들의 감성을 자극함으로써 마음을 움직이기 때문이다. 그래서 베스트셀러 작가 세스 고딘은 "사실 그대로 이야기하지 말고 스토리로 이야기하라"고 말했다.

스토리가 강력한 힘을 가지는 것은 사람들이 머릿속으로 이미지를 그리게 하기 때문이다. 순우곤의 이야기를 들어보면 우리에게도 그 장면이 생생하게 떠오르지 않은가? 재빠른 토끼와 날랜 사냥개가 산을 넘고 골짜기를 달리는 장면, 그리고 그들이 지쳐 쓰러졌을 때 길 가던 농부가 횡재를 해서 기뻐하는 모습이 눈앞에 그려진다.

순우곤은 이처럼 스토리로 호소하면서 그와 함께 현실적인 이해타산까지 함께 제시했다. 만약 두 동물이 다투게 되면 지나가던 농부가 득을 보듯이, 두 나라가 전쟁을 한다면 주변의 강대국들만 이득을 보는 상황을 제시하면서 냉철한 판단을 내리도록 간언을 한 것이다. 제나라 왕은 순우곤이 제시하는 이야기를 듣고 올바른 판단을 내릴 수 있었고, 무모한 전쟁을 포기하기로 했다.

윗사람을 설득하면서 혹시 자기만 알고 있는 이론을 들먹이며 자신의 유식함을 자랑하고 있지는 않은가? 만약 그렇다면 상사를 설득하기는커녕 그의 기분을 상하게만 할 뿐이다. 오히려 나에 대한 나쁜 감정만 심어줄 수도 있다. 특히 하기 어려운 이야기일수록 딱딱하게 이성적으로 접근하기보다 부드럽게 감성적으로 접근해야 한다. 조심스럽고 불편한 용건일수록 상사가 잘 알고 있는 것으로 비유함으로써 상사가 감정적으로 공감할 수 있도록 해야 한다. 그래야 원하는 것을 얻을 수 있다.

# 상징적으로 말해
# 호기심을 유발하라

제나라의 정곽군이 설薛 땅에 성을 쌓으려고 하자 빈객들 중에 그 계획이 부당하다고 간언을 하는 사람이 많았다. 귀찮아진 정곽군이 명령했다.

"빈객들이 나에게 들어오지 못하게 하라."

그 때 제나라 출신의 빈객 한 사람이 이렇게 말하며 만나기를 청했다.

"저에게 세 마디만 할 기회를 주십시오. 만약 세 마디가 넘으면 저를 삶아 죽이십시오."

무슨 말인지 궁금했던 정곽군이 그를 들어오게 하자 그는 선뜻 나서서 말했다.

"해海, 대大, 어魚."

이 세 마디를 하고 급히 물러서자 정곽군은 궁금증이 생겼고,

결국 그를 불러들였다.

"그 말의 뜻을 알고 싶소."

하지만 빈객은 "저는 세 마디를 넘겨 감히 목숨을 걸 수 없습니다"라고 말하며 그 자리를 물러서려고 했다.

궁금함에 몸이 단 정곽군이 그를 잡으며 다시 그 뜻을 알려달라고 간청했고, 그러자 그가 대답했다.

"정곽군께서는 큰 물고기의 이야기를 아시는지요? 그물로도, 주살로도 잡을 수 없지만 일단 물 밖으로 튀어나오게 되면 개미들도 마음대로 다룰 수 있습니다. 지금 제나라는 군께는 바다와 같습니다. 만약 군께서 제나라에 오랫동안 기반을 둘 수 있다면 설 땅에 성을 쌓는 것은 문제가 되지 않을 것입니다. 그러나 만일 제나라에서 기반을 잃으면 아무리 설 땅에 큰 성을 쌓은들 무슨 소용이 있겠습니까?"

• 《전국책》 •

이 말을 들은 정곽군은 "과연 옳은 말이요" 하며 그 빈객의 충언을 받아들였다고 한다. 당연히 그 빈객도 탁월한 인재로 인정받게 되었다. 정곽군은 자신이 있는 제나라 땅을 충실하게 하기보다는 욕심을 부려서 변방에 큰 성을 쌓아 세력을 넓히기를 원했다. 많은 사람이 기본에 충실하지 않고 외적인 확대에만 관심을 갖는 데 우려를 표했지만, 욕심에 눈이 먼 정곽군에게는 그 충언들이 들리지 않았을 뿐 아니라 듣기조차 싫었던 것이다.

이때 한 빈객이 용기를 내어 정곽군의 관심을 끌기 위한 도박을 했다. 만약 정곽군이 자신이 냈던 세 마디 수수께끼와 같은 말에 관심을 갖지 않거나, 더 이상 말을 하지 말라는 명령을 어긴 것으로 화를 낸다면 그 빈객은 처벌을 면할 길이 없었을 것이다. 하지만 그는 분명히 정곽군이 관심을 가질 것이라는 확신이 있었기 때문에 과감하게 시도를 한 것이다. 그리고 이 시도는 보기 좋게 성공했다. 호기심을 느낀 정곽군이 그를 붙잡고 말해주기를 청한 것이다.

물론 이런 도전이 언제나 통하는 것은 아니다. 실패할 경우 큰 위험이 따를 수도 있기에 함부로 시도할 수도 없다. 하지만 확실한 근거와 탁월한 식견을 바탕으로 상대방의 관심을 끌 수 있는 흥미유발 요소가 있다면 충분히 도전해볼 가치가 있다.

'안전지대'라는 말이 있다. '재해가 미치지 않는 안전한 지대'를 말하는데, 우리의 심리에도 안전지대가 있다. 머물러 있으면 본능적으로 안정감을 느끼지만 그곳을 벗어나게 되면 '걱정'과 '긴장'을 느끼게 되는 곳이다. 그래서 사람들은 '안전지대'에 머물려고 하고, 그곳을 쉽게 벗어나지 못한다. 하지만 그곳에만 안주해 있으면 성장을 할 수 없는 것은 물론 더 큰 도약도 불가능해진다.

가장 좋은 기회가 왔을 때 그곳을 과감하게 뛰어넘는다면 엄청난 성공을 거둘 수 있다. 남들이 모두 머뭇거리고 시도하지 못할 때 과감하게 기회를 잡아 도전한다면 성공할 가능성이 높아지는 것이다. "No Risk, No Return." 위험을 무릅쓰고 도전하지 않으면 아무 것도 얻지 못한다.

만약 나에게 재능이 있는데 주어진 조건이나 상황이 여의치 않다면 영원히 그 재능을 알릴 기회를 잡지 못할 수도 있다. 만약 윗사람의 판단이 잘못되었지만 그가 계속 고집을 부리며 남들의 이야기에 귀를 막고 있다면 오히려 이것은 상당히 좋은 기회가 될 수도 있다.

하지만 무모하게 그냥 덤벼서는 안 된다. 먼저 호기심을 자극하는 말로 관심을 끈 다음, 자신이 하고자 하는 말을 조리 있게 이야기하면 된다. 물론 자신이 하고자 하는 말을 재미있는 이야기로 만들 수 있는 능력도 갖추고 있어야 한다. 요즘 더욱 중요시되는 '스토리텔링의 힘'은 아무리 강조해도 지나치지 않다. 무릇 이야기란 듣지 않으려는 사람도 듣게 하고, 움직이지 않는 마음을 움직이게 하는 힘이 있다.

제6편

以類而推

# 이류이추

: 비유와
인용을
활용한다

以 類 而 推
비유와 인용을 활용한다

# 만인이 이해하는
# 언어로 통하라

어떤 신하가 양왕에게 말했다.

"혜자는 어떤 일을 설명하면서 비유를 잘 듭니다. 만약 왕께서 그에게 비유를 하지 말라고 하면 그는 말을 제대로 하지 못할 것입니다."

왕이 다음날 혜자를 불러 말했다.

"선생께서는 있는 그대로 말하고 비유를 들지 마시오."

그러자 혜자가 말했다.

"지금 여기에 탄彈(중국의 악기 이름)이 무엇인지 모르는 사람이 있다고 하겠습니다. 그가 '탄이 어떻게 생긴 물건입니까?'라고 물을 때 '탄의 모양은 탄과 같이 생겼습니다'라고 대답한다면 그가 알아듣겠는지요?"

"당연히 못 알아듣겠지요." 왕이 대답했다.

"그러면 '탄은 모양이 활처럼 생겼으며 대나무로 현弦을 만들었다'라고 설명하면 알아듣겠습니까?"

"당연히 알아듣겠지요."

혜자가 설명했다. "무릇 설명이란 상대가 알고 있는 것을 이용해서 모르는 것을 깨우쳐주어야 합니다. 그래야 그 사람이 알아듣습니다. 그런데 왕께서는 비유를 들지 말고 말하라고 하시니 이는 불가능한 일입니다."

●《설원》●

혜자는 전국시대 논리를 중시하는 학파였던 명가<sup>名家</sup>의 대표적인 인물이다. 그는 특히 도가<sup>道家</sup>의 대표적인 인물이던 장자와 친분이 있었고, 그와 많은 논쟁을 벌인 것으로 유명하다. 논리적으로 따지고 드는 혜자와 직관과 달관으로 대처하는 장자의 논쟁은 심오한 철학을 담고 있으면서도 해학이 넘치고 재미있었다. 마치 땅을 딛고 선 사람과 하늘을 날아다니는 사람과의 대화와도 같다고 할 수 있다.

이 둘의 대화 중 가장 유명한 것은 《장자》 추수편에 나오는 '물고기의 즐거움'이다. 장자가 "물고기가 자유롭게 헤엄치는 것이 물고기의 즐거움"이라고 하자 혜자는 "당신이 물고기가 아닌데 어떻게 물고기가 즐거운지 알 수 있느냐"고 따져 묻는다. 그러자 장자는 "당신이 내가 아닌데 어떻게 내가 물고기의 즐거움을 알지 못한다는 것을 아느냐?"라고 대답한다. 혜자는 다시 "내가 자네가 아니니 물론 자네를 알 수 없다. 자네 역시 물고기가 아니니 물고기의 즐거움을 모른다"라고 대답한다. 이 말에 장자가 대답한다. "자, 처음으로 돌아가 보자. 자네가 나에게 어떻게 물고기의 즐거움을 아느냐고 물은 것은 이미 내가 물고기의 즐거움을 알고 있음을 알고 물은 것이 아닌가? 나는 여기 호숫가에서 물고기와 하나가 되었기에 그 즐거움을 알 수 있는 것일세."

마치 말장난과 같은 장면이지만 그 속에는 존재와 인식에 관한 심오한 철학이 담겨 있다.

둘 사이의 논쟁 중에 또 하나 재미있는 것을 들면 바로 '무용지용無用之用'의 고사이다. 혜자가 "당신의 말은 하나도 쓸데가 없소"라고 하자, 장자가 "당신이 딛고 있는 땅이 좁다고 해서 다른 넓은 땅이 모두 사라지다면 그 땅이 쓸모가 없다고 할 수 있느냐"는 물음으로 응징을 한다.

이 둘의 대화는 이처럼 장자에 의해 혜자가 당하는 것으로 주로 마무리되지만 그것은 이 이야기들이 실려 있는 책이 《장자》라는 것을 감안해야 할 것이다. 운동경기도 마찬가지지만 세상사 모든 일에는 홈그라운드의 이점이라는 것이 있다. '개도 제집 앞에서는 용감하다'는 영국 속담처럼 말이다.

비록 혜자는 장자에 의해 많이 당한 것으로 등장하지만 실제로 논리적인 철학자로서 이름이 높은 사람이다. 비유에 대해 설명한 위의 고사에서 보면 그의 탁월한 식견과 능력을 잘 알 수 있다.

말을 할 때 비유를 활용하는 것이 중요한 첫 번째 이유는, 그 말이 혼잣말이 아닌 이상 다른 이와 '통하는' 것이 가장 중요하기 때문이다. 상대방이 관심 가질 만한 것이나 상대방의 눈높이에서 이야기를 해야지, 전혀 모르는 것을 아무리 외워봐야 '소귀에 경 읽기'밖에 되지 않는다. 아인슈타인은 자신의 상대성이론을 가장 잘 설명한 것으로 다음의 비유를 들고 있다. "미녀와의 1시간은 1분으로 느껴지고, 난로 위에 손을 올려놓은 1분은 1시간보다 훨씬 더 길게 느껴진다." 그러면서 아인슈타인은 "옆집 할머니가 알아듣게 설명하지 못하면 상대성이론을 알고 있는 것이 아니다"라고 말했다. 비유의 힘이 바로 이런 것이다.

상대방은 전혀 알지도 못하는 어려운 이론을 들먹이거나 자신만의 생각을 밀어붙이는 사람은 절대 상대방의 마음을 얻을 수 없다.

## 비유로
## 깨닫게 한다

계강자가 정치에 대해 공자에게 물었다.

"만약 무도한 자를 죽여서 올바른 도리를 세우면 어떻겠습니까?"

공자가 대답했다.

"선생께서는 어찌 죽이는 방법으로 정치를 하려고 하십니까? 선생이 선해지면 백성도 선해집니다. 군자의 덕은 바람이고 소인의 덕은 풀입니다. 풀 위에 바람이 불면 풀은 눕기 마련입니다."

• 《논어》 •

계강자는 도리가 무너진 것을 무식하고 무도한 백성의 탓으로 돌리고 있다. 이를 바로잡기 위해 강압적인 정치를 해야겠다고 하자 공자는 도리가 무너진 것은 바로 위정자의 탓이라 질타한다. 그리고 백성은 풀과 같아서 혼자 힘으로는 아무것도 할 수 없는 존재로 단지 바람인 위정자가 부는 대로 누울 뿐인데, 그 눕는 것을 풀의 탓으로 돌려서는 안 된다는 것이다.

계강자는 이 질문에 앞서 몇 번에 걸쳐 공자에게 정치를 물었다. 가장 먼저 정치를 물었을 때 공자는 "정치는 바르게 한다는 것입니다. 공께서 바르게 이끄시면 누가 감히 바르게 하지 않겠습니까?"라고 대답했다.

그 다음 계강자가 도둑이 많은 것을 걱정해 공자에게 묻자 "공께서 욕심을 버리면, 비록 상을 준다고 해도 백성은 도둑질을 하지 않을 것입니다"라고 대답했다. 계강자는 정치를 알고자 하는 열망은 있었으나 그것을 제대로 실천하지 못하는 위정자였던 것 같다. 그래서 공자는 먼저 자신을 돌아보라는 대답을 계속하지만 계강자는 공자의 뜻을 알지 못해 계속 같은 질문을 하고 있다. 공자는 짜증이 날 만도 하지만 지치지 않고 대답해준다. 게다가 이번 질문은 가장 정도가 심하다. 백성을 죽여서 정치를 바로 잡겠다고 말하고 있다. 지금껏 공자가 가르친 것이 전혀 효과가 없었던 셈이다.

공자는 계속 가르침을 주어도 계강자가 알아듣지 못하자, 직접적으로 말하는 것보다 비유로 말하는 것이 더 효과적이라고 생각했던 것 같다. 그래서 위정자를 바람에, 백성을 풀에 비유했다. 풀이 혼자 힘으로 누울 수 없고 바람이 부는 방향으로 눕듯이, 위정자가 백성이 바르지 못한 것을 탓하기 전에 먼저 자신이 어떤 방향으로 불고 있는지를 생각하라는 것이다.

오늘날 탁월한 언변을 가졌다고 인정받는 사람들은 여러 가지 특징을 가지고 있다. 그 중에서 공통적인 것은 비유로 말하는 데 탁월한 능력을 보인다는 점이다. 오바마 대통령, 워런 버핏, 그리고 스티브 잡스 등은 모두 비유의 기법을 탁월하게 쓴다는 공통점이 있다. 비유는 사람들에게 말하고자 하는 사람의 뜻을 가장 잘, 그리고 확실하게 알게 만든다.

그것은 바로 비유는 사람들로 하여금 상상하게 만들고, 이미지를 머릿속에 그리게 만들기 때문이다. 사람들은 이미지로 보거나 그릴 때 가장 잘 인식할 수 있다. 특히 이미지로 말하는 것은 시각적인 감각이 뛰어난 시각형 인간들에게는 가장 효과적이다. 사람은 감각에 따라서 몇 가지 유형으로 나뉘는데 대표적인 것을 들어보면 시각형 인간이 있고, 청각이 발달한 청각형 인간, 촉각이 발달한 촉각형 인간 등이 있다. 이들 각각에게는 각자의 유형에 맞게 대화를 해야 제대로 설득할 수 있다. 이를테면 아름다운 제주도의 바다를 설명할 때 시각형에게는 끝없이 펼쳐진 아름다운 바다의 풍경을, 청각형에게는 철썩이는 파도 소리와 물새 우는 소리를, 촉각형에게는 발끝에 닿는 모래와 파도의 감촉을 말해야 가장 효과가 있다.

야구를 좋아하는 사람은 잘 알겠지만 유명한 투수들은 모두 몇 가지 구질을 가지고 있다. 공의 속도가 빠른 강속구 투수라고 해서 빠른 공만 던진다면 곧 상대에게 간파당해 안타를 허용하고 만다. 강속구를 던지다가도 느린 커브나 혹은 엄청나게 느린 슬로우 볼을 던질 수 있어야 타자를 속일 수 있다. 또 타자의 성격이나 타격 스타일에 따라서 다르게 승부해야 한다.

말 역시 마찬가지다. 말을 잘한다는 사람들을 유심히 살펴보면 상황에 따라 다양하게 말하는 능력을 가지고 있음을 알 수 있다. 그리고 상대에 따라서도 각각 다른 대화법을 구사한다. 사실 무엇보다 중요한 것은 상대방을 제대로 파악하고 이해하는 것이다. 상대에 관심을 가지고 이해하게 되면 그 사람을 설득할 수 있는 가장 좋은 방법을 찾을 수 있게 된다. 그리고 무엇보다도 내가 정성으로 그 사람을 이해하려고 노력하면, 그 사람 역시 나에게 관심을 갖게 되고 내 말에 귀를 기울인다.

# 묶었다면
# 풀어주라

"유(자로)의 거문고를 어찌 내 집안에서 연주하게 할 수 있겠느냐?"

공자가 말하자 사람들이 자로를 얕잡아보고 공경하지 않았다.

이를 듣고 공자가 말했다.

"유는 마루에는 올라섰으나 아직 방 안에 들어가지는 못했다."(유야, 승당의, 미입어실야 由也, 升堂矣, 未入於室也)

• 《논어》 선진편 •

공자는 자로의 음악 솜씨가 마땅치 않았던 것 같다. 실제로 자로의 성격으로 미루어 보면, 섬세하고 예술적인 능력을 필요로 하는 음악 연주에서 능력을 발휘하기는 어려웠을 것이다. 하지만 자로는 스승인 공자의 다재다능한 능력이 부러웠을 것이고, 특히 거문고를 연주하는 모습이 엄청나게 멋있게 보였을 것이다. 그래서 열심히 거문고를 연습했지만 실력이 크게 발전하지 못했을 것이고, 공자가 보기에는 좀 한심했는지도 모른다.

그래서 공자는 자신의 집에서 자로가 연주하는 모습이 탐탁지 않았을 수도 있다. 그럴 리는 없겠지만 평범한 소인의 생각으로 미루어 보면, '혹시 사람들이 내가 연주하는 것으로 알면 어떡하지?' 하는 생각도 있지 않았을까? 물론 천하의 공자가 그런 생각을 했을 리는 없었겠지만 말이다.

그 후에 이 말을 들은 다른 제자들까지 자로를 한심하게 생각하고 얕잡아보는 모습을 보이게 된다. 제대로 하지도 못하면서 예술에 관심이 있는 양, 거문고를 붙잡고 있는 모습이 우습게 보였을 것이다. 그래서 자로가 나이도 많고 훨씬 선배였지만 자로를 얕보고 공경하지 않았다. 만약 자로가 옛날 성격을 그대로 가지고 있었다면 이들 제자들은 아마 뼈를 추리지 못했을지도 모른다. 하지만 자로는 공자에 의해 많이 사람이 되었고, 수양이 된 상태라 참고 넘어갔을 것이다.

공자는 자신이 한 말 때문에 자로가 뛰어난 능력이 있는데도 사람들로부터 인정받지 못하는 점이 안타까웠던 것 같다. 제자들이 뒤에서 수군거리는 모습에 마음이 아팠는지도 모른다. 그래서 공자는 사람들이 생각하듯이 자로가 실력이 모자란 것이 아니라, 단지 최고의 수준에 올라서지 못했을 뿐이라는 것을 말해 자로의 명예를 회복시켜준다. 제대로 알지도 못하면서 함부로 얕잡아보지 말라는 것이다.

'승당升堂'이란 대청마루에 올라선 것으로 상당한 수준에 이른 것을 말한다. '입어실入於室'이란 방에 들어선 것으로 승당보다는 높은 수준을 말한다. 집안에 들어설 때를 기준으로 보면 방에 들어갔다면 주인의 자리를 차지했다는 것이고, 더 이상 갈 곳이 없다는 뜻으로 최고의 수준에 이른 것을 말한다.

공자는 자신이 자로에 대해 말할 때 '집안에서 연주할 수 없다'라고 말했기 때문에 같은 상황을 들어, 즉 집에 들어가는 것을 비유하여 사람들이 이해할 수 있도록 했다. 자로는 비록 방 안에 들어설 정도의 수준에는 이르지 못했지만 그 전 단계인 마루에는 올랐다고 말했다. 즉, 상당한 경지에 올랐으므로 사람들로부터 충분히 공경을 받을 자격이 있다는 것이다.

공자는 사람에 대한 탁월한 식견을 지닌 '사람 전문가'라고 할 수 있다. 사람의 본성과 성품을 읽고 그에 맞게 대처할 줄 아는 능력자이기도 하다. 스승으로서도 모든 제자들에게 일방적으로 똑같은 가르침을 준 것이 아니라 각 제자들의 자질과 특성에 맞추어 가르칠 줄 아는 스승이었다. 또 제자들의 학문과 능력의 정도에 따라서 수준에 맞게 가르쳐 많은 제자들이 합당한 가르침을 받도록 했다.

위의 고사에서 공자는 자신의 말로 인해 상처를 받았을 자로의 마음을 감안해 위로를 주면서, 함부로 남을 평가하는 다른 제자들에게도 가르침을 주고자 했다. 또한 자신의 말뿐 아니라 다른 제자들의 평가로부터도 상처를 받았을 자로의 마음을 읽고 그 마음을 풀어주기로 했다. 자신이 묶은 것을 자신이 풀어준 것이다.

사람들은 본의 아니게 다른 사람에게 상처를 주는 말을 하기도 한다. 때로는 자신의 말에 의해 다른 사람이 상처를 받았는지조차 모르고 지나는 경우도 많다. 또 상처를 받은 것은 알지만 당황해서 어떻게 대처해야 할지 모르는 경우도 상당히 많다. 곤란한 마음에 알면서도 그냥 모른 체하고 넘어가기도 한다. 하지만 말의 화살을 맞은 상대방은 큰 상처를 새긴다.

이럴 때 상대의 마음을 풀어주는 가장 좋은 방법 중의 하나는 상대방의 있는 그대로를 받아들이고 인정하는 것이다. 때론 요모조모 가타부타 하는 판단을 초월해야 할 때가 있다. 물론 한 걸음 더 나아가 상대방의 좋은 점을 칭찬하고 또한 이를 다른 사람에게 공표한다면 더욱 좋을 것이다. 비록 첫 걸음은 잘못되었을지라도, 그 상황을 회피하지 않고 지혜롭게 대처할 수 있다면 오히려 더 좋은 결과를 낳을 수도 있다. 모든 불교 경전 가운데 최고라 일컬어지는《법화경》에 '독을 변하여 약으로 한다'는 뜻의 '변독위약'이란 말이 있다. 치명적인 독조차 약으로 변하게 할 수 있는 것이 사람의 마음과 생명력이 지닌 힘이다. 어떤 곤란도 피하지 않고 능히 헤쳐 나가는 태도가 우리의 삶을 가치 있는 방향으로 이끈다.

# 설득할 상대방의 말을
# 인용하라

수제자 안회가 작별인사를 하고 떠나려고 하자 공자가 물었다.

"어디로 가려고 하는가?"

"위나라로 가려고 합니다."

"왜 가는가?"

"위나라 군주는 나이가 젊어 혈기왕성하고, 함부로 국력을 소진하고, 자신의 잘못을 보지 못한다고 합니다. 게다가 백성의 죽음을 가볍게 여겨 죽은 시체가 연못에 가득하고, 백성들은 갈 곳을 몰라 헤매고 있습니다. 일찍이 선생님께서 이 말을 하시는 것을 들은 적이 있습니다. '잘 다스려지는 나라를 떠나 어지러운 나라로 가라. 의원의 집에 환자가 많은 법이다.' 저는 배운 대로 행하고 싶습니다. 그 나라로 가서 병을 고치고 싶습니다."

•《장자》•

공자는 위나라 왕의 포악함을 익히 알고 있었기에 위험한 곳으로 가려 하는 제자를 말리고 싶었다. 특히 안회는 공자의 수제자로, 공자가 가장 아꼈던 제자 중 한 명이기에 더욱더 그랬을 것이다.

'명성과 이득을 탐하면 패망하게 되기 마련인데 성인도 극복하기 힘든 그 유혹을 견딜 수 있겠느냐'며 공자는 제자를 만류한다. 안회는 이와 같은 공자의 반응을 짐작하고 있었기 때문에 예전에 공자가 했던 말을 인용하여 스승을 설득하고 있다. 공자는 의원의 집에 환자가 많다는 비유를 통해 '인의의 정치를 펼치려면 잘 다스려지는 나라가 아니라 어지러운 나라로 가야 한다'고 가르쳤다. 안회는 그것을 인용하고 있는 것이다. 이 고사를 보면 대화에서 중요한 역할을 하는 '인용'과 '비유'의 표현법이 잘 드러나고 있다.

사람들은 훌륭한 사람이나 유명한 사람들의 말에 상당한 무게감을 둔다. 존경하는 어떤 사람이 했던 말은 그 자체로 당위성을 부여받게 되는 식이다. 마찬가지로 그런 말을 인용하면 자신이 하려는 말까지 인정을 받게 된다. 그래서 사람들은 자신의 주장을 뒷받침하기 위해 명언이나 사례들을 인용하는 것이다.

학계에서 어떤 논문의 가치를 평가하는 대표적인 척도도 '다른 논문들이 해당 논문을 얼마나 많이 인용했는가'이다. 다른 논문에 의해 많이 인용된 논문의 가치는 그만큼 높다. 요즘은 대학을 평가하는 잣대로 그 대학의 교수들이 발표한 논문이 얼마나 전 세계적으로 많이 인용되는가를 기준으로 삼기도 한다.

당대 최고의 연설가로 꼽히는 오바마 대통령의 비밀 역시 연설문에 '일화'와 '인용', 그리고 '비유'를 적절히 구사하는 것이다. 그는 흑인인 자신에게 표를 달라고 호소하는 대신 수십 년 전 버스에서 차별을 받던 흑인 여성의 일화를 인용함으로써, 이제는 흑인 대통령이 등장할 때가 되었다는 당위성을 국민의 마음속에 확실히 심어줄 수 있었다. 또한 그는 비유에도 탁월한 능력을 지녔는데, 얼마 전에 발생해 미국 사회에 인종차별의 문제를 야기시켰던 '짐머만 사건'에서도 오바마는 탁월한 비유로 국민들의 마음을 위로했다. 히스패닉계 백인인 짐머만이 무장하지 않은 흑인 소년을 총으로 살해한 사건에서 무죄평결을 받은 데 대해 국민들의 반감이 커지자 그는 연설을 통해 다음과 같은 말을 했다.

"비유적으로 말해, 죽은 마틴은 35년 전의 저였을 수도 있습니다."

흑인인 자신이 마틴과 같은 나이였던 35년 전 똑같은 피해를 입었을 수도 있다고 말하면서, 미국의 대통령인 자신이 결코 '인종차별'적인 관점을 허용하지도 용납하지도 않는다는 것을 확실하게 보여준 것이다.

안회는 단순한 명언이나 사례를 넘어 스승 공자의 말, 즉 자신을 가르치면서 공자가 했던 말을 인용하고 있다. 이것은 단순히 다른 사람의 말을 인용하는 것과는 차원이 다르고, 더 확실한 효과를 거둘 수 있다. 어느 누구도 자기 자신이 했던 말을 부인하기는 어렵기 때문이다. 만약 자신이 했던 말을 부인한다면 신뢰성이 없는 사람이 될뿐더러 상황에 따라 변신하는 기회주의적인 사람으로 치부될 수 있기 때문에 함부로 부인할 수 없는 것이다.

사회생활에는 결국 상대방을 설득하는 것이 상당한 비중을 차지하고 있다. 이때 무조건 내 생각만 주장해서는 상대를 끌어들일 수가 없다. 많은 사람들에게 신뢰를 받고 있는 이가 했던 말이나, 적절한 사례를 적절하게 인용할 수 있어야 한다. 그러면 나의 주장에 더욱 힘이 실리고 신빙성이 높아져 마침내 상대를 설득할 수 있다. 만약 내가 설득을 해야 하는 그 사람이 했던 말 중에 적절한 표현이 있다면 그 말을 인용하는 것이 가장 효과적이다. 자신이 직접 했던 말은 그 어떤 말보다도 힘이 있고 모든 논리를 뛰어넘기 때문이다.

# 한 걸음 물러서서
# 보게 하라

초나라 위왕이 월나라를 치려고 하자 두자가 간언했다.
"대왕이 월나라를 공격하려는 것은 무엇 때문입니까?"
"월나라는 정치가 어지럽고 군대가 약하기 때문이오."
두자가 말했다.
"지혜는 눈과 같아서 능히 백 보 밖을 볼 수 있지만 자신의 눈썹을 보지 못합니다. 대왕의 군사는 두 진나라에 의해 무려 수백 리의 영토를 잃었습니다. 장혜교가 도적질을 하는 것을 막지 못하는 것 역시 정사가 어지럽기 때문입니다. 대왕의 병력이 쇠약하고 정사가 어지러운 것이 월나라보다 더한데 월나라를 공격하려는 것은 마치 눈이 눈썹을 보지 못하는 것과 같은 지혜입니다."

•《한비자》•

초나라의 위왕은 이 말을 듣고 결국 월나라를 치려는 계획을 포기했다.

사람들은 어떤 계획을 세울 때 객관적인 시각으로 보지 못하면 무모한 도전을 하게 된다. 자신의 능력보다 지나치게 높은 목표를 세우거나 현실적으로 실현 불가능한 일을 시도하게 되는 것이다. 그것은 그 일에 대해 지나치게 집착했을 때 일어나는 일이다. 어떤 일에 과도하게 매달리면 냉정한 판단을 내릴 수 없게 되고 무분별한 일을 벌이게 된다. 이것을 두고 우리는 '욕심에 눈이 멀었다'고 표현한다.

《채근담》에는 "일을 계획하는 사람은 몸을 그 일 밖에 두어 마땅히 이해의 사정을 모두 살펴야 한다"는 말이 실려 있다. 계획을 세우려면 그 일에 집착할 것이 아니라 냉철하고 객관적인 마음으로 거리를 두고 판단을 하라는 말이다. 그래서 지나치게 흥분하거나 과열된 사람을 보고 "한 걸음 물러서서 생각하라"고 이야기하는 것이다.

사람들은 누구나 자신이 소중하게 생각하는 것에는 시야가 좁아지고 마음이 흐려지게 마련이다. 소중하게 생각하는 것에는 집착을 하게 되고 객관적인 시각을 가지기가 힘들기 때문이다. 그래서 "사람들은 자기 자식의 악함을 알지 못하고, 자기 논의 싹이 자란 것은 알지 못한다"《대학》라는 말이 있는 것이다.

현대 심리학에서도 사람들은 심리적인 거리가 가까울수록 안목이 흐려지게 된다고 한다. 심리적인 거리는 사람에 따라 다르지만 특별한 경우를 제외하면 가장 가까운 것은 바로 자기 자신이다. 물론 나라를 위해 목숨을 바치는 등 대의명분이 확고한 사람의 경우는 예외로 해야 하겠지만, 이런 특별한 경우를 제외하면 대부분의 보통 사람들은 누구나 자신에게 집착을 하게 된다. 그 다음은 가족이 될 것이고, 사람에 따라서 성공과 명예를 가장 최우선으로 삼기도 한다.

두자는 이런 점에 입각하여 위왕을 설득하고 있다. 위왕이 월나라를 공격하려는 것은 월나라의 약점을 본 탓이지만, 실제로 위나라의 약점이 더 크다는 것이다. 위나라 역시 월나라 못지않게 나라가 혼란스럽고 병력이 약해졌는데도, 마치 눈이 눈썹을 보지 못하는 것처럼 왕은 자기 나라의 실상을 모르고 있다는 것이다. 다른 나라의 취약점만 보고, 우리나라의 실상은 보지 못하면 전쟁에서 결코 좋은 결과를 얻을 수 없다. 병법으로 따지면 '지피$^{知彼}$'만 하고 '지기$^{知己}$'는 하지 못하고 있는 것인데, 《손자병법》에서는 이 경우에는 '한 번 이기고 한 번은 진다'고 한다. 하지만 이 역시 상대적인 것이다. 만약 적이 지피지기를 모두 하고 있다면 무조건 지는 것이다.

《한비자》에서는 "군주를 칭찬할 때는 비슷한 사례를 들어서 칭찬하고, 군주의 일을 바로잡고자 할 때는 유사한 일을 들어서 충고한다"라고 말한다. 무턱대고 칭찬하거나 일방적으로 충고의 말을 하게 되면 사람의 마음을 움직이기 어렵다. 특히 자신이 꼭 이루고 싶은 일에 매달려 있을 때는 그 어떠한 말도 귀에 들어오지 않는 경우가 많다. 이때는 객관적으로 생각할 수 있는 비슷한 사례를 드는 것이 좋다. 먼저 상대방이 상황을 객관적으로 볼 수 있게 한 다음, 자신의 일을 스스로 돌아보게 해야 설득이 쉽게 되는 것이다.

논리를 중시하는 중국 명가名家의 대표적인 인물인 혜자는 '모르는 것을 들어서 설명하면 알 수 없다. 알고 있는 것을 비유로 들어서 설명해야 한다'고 말했다. 상대방이 모르는 것을 설명할 때는 상대가 잘 알고 있는 것으로 비유해서 설명하라는 것이다. '장님 코끼리 만지기'라는 말이 있다. 장님들이 모여 코끼리를 만지게 하면 만지는 곳에 따라 제각각 느끼는 것이 다를 수밖에 없고, 어느 누구도 제대로 된 코끼리를 말할 수 없게 된다.

코끼리를 정확하게 알려면 코끼리의 전체를 볼 수 있어야 한다. 만약 코끼리를 볼 수 없는 상황이라면 코끼리를 본 사람의 말을 들을 수 있어야 한다. 내가 만진 것, 내가 느낀 것만 맞다고 고집하면 언제까지나 코끼리를 알지 못하게 된다.

## 군자의 말을 인용한다

경공이 안자에게 물었다.

"사람의 천성은 현명한 자와 어리석은 자로 구분됩니다. 그런데 이들도 배우면 달라질 수 있습니까?"

안자가 대답했다.

"《시경》은 이렇게 노래했습니다.

'높은 산은 마땅히 우러러볼 일이요, 좋은 행실은 마땅히 따라할 일이다(고산앙지高山仰之, 경행행지景行行之).' 그러한 길로 가는 사람은 마땅히 그러한 사람이 됩니다. 그러므로 제후가 병립하되 훌륭하면서도 나태하지 않는 자는 우두머리가 될 수 있고, 모든 선비들이 서로 배우고 힘쓰되 끝까지 열심히 하는 자는 스승이 될 수 있는 것입니다."

• 《안자춘추》 •

《논어》에는 '타고난 본성은 서로 비슷하지만 습관이 차이를 만든다(성상근야性相近也, 습상원야習相遠也)'는 말이 실려 있다. 습관이 본성을 누를 만큼 중요하다는 말이다. 안자도 습관의 중요성을 항상 강조했던, 요즘 말로 하면 '습관 전문가'라고 할 수 있다. 안자는 자신을 찾아왔던 공자의 제자 증자를 떠나보내면서 '습관과 풍속은 사람의 본성을 바꾼다(습속이성習俗異性)'라는 뜻의 말을 선물로 들려주었다. 이들은 사람들의 타고난 본성은 모두 비슷하지만 어떤 습관을 들이고 어떻게 노력하는가에 따라서 결과가 달라진다는 것을 말하고 있다.

안자는 앞의 대화에서 결코 포기하지 않고 바른길을 가는 사람은 스승이 될 만큼 훌륭한 사람이 될 수 있다고 한다. 그 당시 스승이 되는 것은 어떤 것보다 높은 가치를 지니는 일이었다. 세속적인 성공이나 출세보다 다른 사람을 가르치는 일이 가장 존경받는 사람이 되는 길이었다. 그래서 맹자는 '군자의 세 가지 즐거움(군자삼락君子三樂)' 가운데 한 가지를 천하의 뛰어난 인재를 가르치는 일이라고 했고, 제후가 되는 것보다 더 낫다고 말했던 것이다.

안자는 더불어 경공에게 나라를 다스리는 제후 역시 게으르지 않고 열심히 노력하면 다른 제후들을 다스리는 뛰어난 제후가 될 수 있다는 충고도 덧붙인다. 물론 이 말은 경공이 직접적으로 질문했던 내용은 아니었다. 하지만 경공이 질문을 한 의도를 파악하여 백성을 통치하는 데 꼭 필요하고, 적용할 수 있는 응답을 해서 도움이 되도록 했던 것이다. 그리고 안자는 그 당시 최고의 권위로 인정받던 《시경》의 말을 인용함으로써 자신의 말을 뒷받침하고 있다.

《귀곡자》 내건편에는 군주에게 진언을 할 때는 도덕과 인의, 예악, 충신忠信, 계모計謀의 순으로 하되 《시경》과 《서경》에서 인용한 구절에 자신의 의도를 맞추라고 했다. 《시경》과 《서경》은 그 당시 최고의 책으로 인정받고 있었고, 그 책에 실려 있는 것만으로 글의 권위를 인정받았다고 할 수 있다. 중국에서 가장 오래된 역사책으로 공자가 편찬한 것으로 전해지는 《서경》과 중국 최고의 시가집인 《시경》은 그 당시 최고로 인정받던 명서名書였던 것이다. 당대의 뛰어난 학자들은 모두가 《시경》과 《서경》을 교과서 삼아 자신의 학문을 키워나갔고, 제자를 가르칠 때도 이 책들을 인용하고 많이 활용했다. 그리고 그 책에 실려 있는 다양한 글들을 자신의 말과 글에서 인용했던 것이다.

우리는 학교에서 자신의 의견을 조리 있게 말하는 법을 제대로 배우지 못했다. 상대방의 의견을 듣고 내 의견과 조율하는 법은 더욱 배우지 못했기 때문에 평상시 대화에서 적용하기가 어렵다. 또, 상대방의 말은 잘 듣지 않고 내 의견만 강하게 주장하다 보니 대화가 그저 평행선만 긋거나, 말싸움으로 변하고 마는 경우가 많다.

계속 강조하지만, 자신의 의견만 고집스럽게 내세워서는 상대를 설득할 수가 없다. 마음이 닫혀 있을 때는 일단 그 문을 여는 것이 먼저다. 그 좋은 방법 가운데 하나가 바로 상대를 인정하고 공감하는 말을 하는 것이다. 그 다음 자신의 의견을 말하면 되는데, 다양한 인용이나 적절한 명언을 통해 나의 주장을 뒷받침하면 좋을 것이다. 일방적인 나의 주장이 아니라, 객관적으로 인정을 받는 사실이라는 것을 인식시키는 것이다.

그런데 적절한 순간에 이런 멋진 인용을 할 수 있으려면 평소 다양한 지식기반을 갖추어야 한다. 깊이 있는 지식 기반이 없이 단순히 번드르르한 말이나 유명인의 명언만 나열한다면 오히려 빈축을 사기 십상이다. 일관된 모습, 그리고 다양한 지식과 교양 위에 적절한 말을 인용할 수 있어야 사람들을 감동시키고 그 마음을 움직일 수 있다.

# 세상 모든 것이
# 스승이다

공자가 참새를 잡는 사람을 보았는데, 그가 잡은 것은 모두 어린 새끼들이었다. 공자가 물었다.
"어떻게 큰 새는 한 마리도 잡지 못했습니까?"
그러자 그가 대답했다.
"큰 새는 잘 놀라 도망가기 때문에 잡기가 어렵고, 어린 새는 먹이를 탐내기 때문에 잡기 쉽습니다. 만약 어린 새가 큰 새를 따라가면 잡기가 어렵고, 큰 새가 어린 새에게 오면 역시 잡기가 어렵습니다."
공자가 제자들에게 일렀다.
"겁이 많아서 잘 놀라기만 해도 해를 멀리할 수 있지만, 먹이를 탐하면 환난이 다가오는 것을 모르게 된다. 이것은 모두 마음에 달려 있다. 어떤 것을 좇느냐에 따라 화도 되고 복도 된다. 그러므로 군자는 따르는 것을 신중하게 한다. 어른이 염려하는 것을 따르면 몸을 온전히 할 수 있지만, 어린 것의 우매함을 따랐다가는 망할 수밖에 없는 것이다."

• 《공자가어》 •

자고로 위대한 사람들은 호기심이 많고 눈앞에 펼쳐지는 모든 현상을 민감하게 관찰하는 공통점이 있다. 오늘날에도 여러 분야에서 성공하는 사람들은 거의 모두가 주변을 유심히 살피는 습관을 가지고 있다. 그래서 그들은 다양한 사람들과 현상으로부터 배우고 남다른 시사점을 알아내곤 한다.

공자는 마침 길을 가다가 새를 잡는 사람을 만났다. 공자가 호기심이 생겨 그가 잡은 새들을 살펴보자 큰 것은 없고 모두 어린 새들인 것을 알게 되었다. 공자가 그 이유를 묻자, '큰 새는 경험이 많아서 위기에 곧잘 대처하므로 잡기가 어렵고 어린 새들은 경험이 없고 먹이에 집착하기 때문에 잡기 쉽다'고 새 사냥꾼이 대답했다. 공자는 그 이치가 인간사의 이치와 일맥상통하는 것을 알고 제자들에게 가르침을 준다. 우리는 이 고사에서 두 가지를 얻을 수 있다.

먼저는 공부하는 자세이다. 공자는 새 사냥꾼과의 만남에서도 깨달음을 얻고 그것을 자신의 것으로 삼았다. '타산지석他山之石'이라는 말처럼 세상의 모든 것으로부터 가르침을 얻는 것이다. 그 다음은 공부의 방법론이라고 할 수 있는데 공자는 자신이 깨달음을 얻은 현장에서 바로 제자들을 가르쳤다. 공부의 효율이 가장 높다는 '현장 학습'인 것이다.

공자는 젊은이들이 자신의 혈기만 믿고 어른들의 가르침을 배우지 않으면 위험이 따른다는 것을 경계하고 있다. "새는 먹이 때문에 목숨을 잃고 사람은 재물 때문에 죽는다(인위재사人爲財死, 조위식망鳥爲食亡)"는 중국 속담이 있다. 새들은 먹이를 탐하다 사냥꾼에게 잡혀 목숨을 잃게 되지만, 새 중에서도 나이가 많고 경험이 있는 큰 새들은 그 위험을 빠져나갈 수 있다는 것이다. 인간 세상도 마찬가지로 무모하게 혈기만 따랐다가는 큰 실패를 경험하고 인생의 어려움에 빠지고 만다.

오늘날 우리 사회에서는 너무 빠른 정년으로 인해 어른들의 경험과 경륜을 쓸 수 있는 기회가 사라지고 있고, 그들의 능력이 묻히는 사회적 손실을 겪고 있다. 물론 첨단의 시대에 젊은이들의 참신성이나 혁신성이 꼭 필요하지만 그것이 어른들의 경험과 경륜에 합쳐지지 않으면 사상누각이 될 수도 있다. 특히 위기의 순간에 닥치면 젊은이들은 경험 부족으로 우왕좌왕하게 되지만 어른들은 오랜 경험과 경륜으로 위기를 타개할 수 있다.

《한비자》에 보면 '노마지지老馬之智'의 고사가 나온다. 고죽국을 정벌하러 떠났던 제나라 군사들이 산 중에서 길을 잃게 되자 재상이었던 관중이 늙은 말을 풀어서 길을 찾을 수 있었다는 이야기다. 지혜로운 관중이 늙은 말의 지혜를 빌어 위기에 빠진 군사들을 살렸던 것인데, 《한비자》에는 '관중과 같은 지혜로운 사람도 늙은 말의 지혜를 빌리는데 사람들이 누구로부터 배우려 하지 않는다'고 한탄하고 있다. 《소학》에는 다음과 같은 말도 실려 있다. "선배가 하는 일은 치밀하여 빠진 데가 없고, 후배가 하는 일은 빠뜨리는 것이 많아 엉성하다." 선배의 경륜과 후배의 참신성, 혁신성이 합쳐져야 최고의 결과를 만들 수 있는 것이다.

공자는 새를 잡는 사람에게서도 세상의 이치를 배우고 있다. 그리고 자신이 배운 것을 제자들에게 바로 가르쳐주고 있다. 여기서 우리는 세상 모든 것으로부터 깨달음을 얻는 배움의 자세와, 스승과 제자가 함께 경험한 것을 놓치지 않고 가르치려는 가르침의 지혜를 배울 수 있다. 함께 보고 느낀 현장에서 주는 가르침은 쉽게 잊히지 않는 법이다. 아마 공자와 함께 그 자리에 있었던 제자들은 모두 그날의 가르침을 평생 잊지 않았을 것이다.

## 스스로 깨닫게 하라

제 경공이 송나라를 공격하던 중에 높은 곳에 올라 멀리 내다보며 한탄했다.

"우리 선왕이신 환공은 8백승의 힘으로도 패왕이 되었다. 지금 나는 3천승을 가졌으면서도 더 높이 오를 수 없으니 이는 바로 관중과 같은 신하가 없어서가 아니겠는가?"

이 말을 들은 신하 현장이 말했다.

"신이 듣건데 물이 넓으면 물고기가 크고 임금이 훌륭하면 신하도 훌륭하다고 했습니다. 지금 이곳에 만약 환공이 있었다면 저 수레 아래의 모든 신하가 관중이었을 것입니다."

•《설원》•

환공은 그 자신이 그리 탁월한 군주는 아니었다. 《설원》에는 누군가가 이렇게 말한 것이 실려 있을 정도다.

"환공은 자신의 형을 죽이고 왕위에 올랐으니 인의롭다고 할 수 없다. 부녀자들과 함께 수레를 타고 읍내를 다녔으니 공겸하다고 할 수 없고, 식도 올리지 않고 여자들을 맞이했으니 청결하다고 할 수 없다."

관중의 도움으로 천하의 패왕이 되기는 했지만 인간적인 됨됨이는 많이 부족했다.

그러면 이처럼 결점이 많은 환공이 패왕이 될 수 있었던 이유는 무엇일까? 그것은 관중, 습붕 등 탁월한 부하를 재상으로 두고 그들의 의견을 모두 받아들였기 때문이다. 하지만 관중과 습붕이 죽은 후 수조와 역아와 같은 간신들을 중용함으로써 환공은 비참한 최후를 맞고 만다. 작은 방에 감금되어 물 한 모금 마시지 못하고 굶어죽었고, 시신마저 3개월이나 방치되어 구더기가 기어 나올 정도가 되었던 것이다. 이것을 미루어보면 훌륭한 왕이 되도록 결정하는 것은 어떤 신하를 쓰느냐에 달려 있다는 것, 그리고 제대로 신하를 쓰지 못했을 경우 아무리 훌륭한 왕이라고 해도 비참한 결과를 맞고 만다는 사실을 우리는 잘 알 수 있다.

경공은 자신이 환공과 같은 강력한 패왕이 될 수 없는 것을 모두 관중과 같이 훌륭한 신하가 없었기 때문이라고 핑계를 대고 있다. 자신이 환공보다도 더 많은 군사를 다스렸으니 관중과 같은 훌륭한 신하만 있다면 환공보다도 훨씬 더 큰일을 할 수 있지 않겠느냐는 말이다. 현장은 이 말을 듣고 그 부당함을 지적하고 있다. 큰물에서 큰 물고기가 살듯이 훌륭한 신하는 그 임금이 훌륭해야 그 밑에 모인다는 것이다. 따라서 훌륭한 신하가 없는 것을 탓하지 말고 자신이 훌륭한 왕인지부터 생각하라고 간언을 한다.

《장자》에는 "주머니가 작으면 큰 것을 싸지 못하고 두레박줄이 짧으면 깊은 물을 긷지 못한다"는 말이 실려 있다. 아무리 크고 훌륭한 보물을 가졌다고 해도 주머니가 작으면 가지고 갈 수 없는 것이고, 많은 물이 있는 우물이 있다고 해도 그 물을 길을 수 있는 기다란 두레박줄이 없으면 무용지물이 되고 만다. 왕도 마찬가지다. 훌륭한 신하를 두고 있으면서도 그 인물을 알아보지 못한다면 무용지물이다. 더 이상 뛰어난 신하들이 모이지 않을뿐더러 기껏 데리고 있던 신하들마저 떠나버리고 만다.

경공은 이 말을 듣고 속이 거북했을 것이지만 한편으로는 자신을 돌아볼 수 있는 소중한 기회가 되었을 것이다. 경공의 밑에는 안자라는 지혜로운 신하가 있었다. 안자는 끊임없이 경공에게 충고와 간언의 말을 아끼지 않았다. 그랬기에 경공은 현장이라는 신하의 솔직한 간언 역시 받아들일 수 있었을 것이다.

요즘 크든 작든 조직을 이끄는 리더의 말 중에서 가장 많이 듣는 말이 바로 "쓸 만한 부하가 없다"는 말이다. 할 일은 많고 조직의 비전은 큰데 자신을 훌륭하게 보필해줄 부하가 없다고 안타까워한다. 한편으로 생각하면 조직의 미래를 걱정하는 말과 같이 들리지만 그 속뜻을 살펴보면 자신의 능력과 비전에 비해 부하들이 따르지 못한다는 교만함이 숨어 있다.

그 리더들은 아마도 제 경공과 같은 마음으로 그 말을 했을 터이지만 그는 먼저 자신이 어떤 리더인지를 돌아볼 수 있어야 한다. 쓸 만한 부하는 쓸 만한 리더에게 모이는 법이다. 그리고 쓸 만한 리더란 자신이 얼마나 훌륭한 인물인가보다는 얼마나 훌륭한 부하를 찾아서 제대로 쓸 수 있느냐에 따라 결정된다. 《관자》에서는 "천하에 신하가 없음을 걱정하지 말고 신하를 제대로 쓸 수 있는 군주가 없음을 걱정하라"고 말한다. 《관자》가 관중 자신이 썼던 책인 것으로 미루어보면 경공의 물음에 가장 확실한 대답을 해주고 있는 것이다. 지도자 자신의 능력보다는 자신을 보필할 수 있는 부하를 제대로 찾아 활용하는 사람이 현명한 지도자다.

# 제7편 이심전심 以心傳心

: 마음으로부터 마음으로 말한다

以 心 傳 心
마음으로부터
마음으로 말한다

## 사사로운 이익보다 마음 한 조각을 얻으라

진목공秦穆公이 수레를 몰고 있었는데 갑자기 수레가 부서져, 수레를 몰던 말 한 마리가 도망쳐 버렸다. 목공이 말을 찾으러 가자 한 무리의 시골 사람들이 이미 말을 잡아서 막 먹으려고 하는 중이었다. 말을 잃은 목공은 속으로 탄식을 했지만 겉으로는 이렇게 말했다.
"준마의 고기를 먹고서 술을 마시지 않으니, 나는 말고기가 그대들의 몸을 상하게 하지 않을까 걱정되오."
그리고 술을 베풀어 두루 마시게 하고 돌아갔다.
그 1년 후 전쟁이 일어났다. 진목공도 참전을 했는데, 다른 진나라 군대에 의해 포위를 당해 위기에 빠졌다. 이때 어디선가 삼백 명의 군사가 홀연히 나타나 진목공을 구해주었다. 바로 말고기를 먹었던 그 시골 마을의 사람들이었다.

•《여씨춘추》•

《서경》에는 "군자에게 임금 노릇을 하려면 바르게 해야 그들이 덕을 행할 것이고, 미천한 사람에게는 관대하게 해야 그들이 힘을 다한다"고 실려 있다. 이 말은 미천한 사람에게 아무리 덕과 의를 말해도 그들은 알아듣지 못하지만, 오히려 따뜻하게 건네는 말 한 마디나 온정이 넘치는 한 번의 은혜가 그들의 마음을 움직이게 한다는 말이다.

진목공은 춘추5패 중의 한 사람으로 인재를 중요시하여 휘하에 백리혜나 건숙 등 탁월한 인재들을 많이 불러 모았고, 이들과 함께 중원을 평정하고 진나라를 강대국으로 만든 훌륭한 군주였다. 그는 전쟁에서 패했을 때도 모든 책임을 자신에게 돌렸고, 특히 말단 군사나 백성들까지 인의로 다스렸던 관대한 군주이기도 했다.

진목공은 자신의 아끼던 말이 잘 차려진 잔칫상의 푸짐한 고기가 된 것을 보고 속이 상하고 화가 났을 것이다. 만약 성질 급한 군주였다면 "감히 왕의 말을 죽여 잔치를 벌이다니……" 하며 그들을 엄벌에 처했을 수도 있다. 실제로 그 당시 왕이 아끼는 말 한 마리보다 더 못한 것이 그들 백성의 목숨인 경우가 허다했다.

하지만 진목공은 화를 내기 전에 먼저 냉철하게 현실을 파악했다. 이미 자신의 말은 죽었고 맛있는 요리가 되어 되돌릴 수 없는 상태가 되었다. 아무리 화를 내고 벌한다 한들 죽은 말이 살아올 수는 없다는 사실을 잘 알았다. 그래서 비록 말은 잃었지만 사람을 얻는 선택을 한 것이다.

말을 죽인 것의 책임을 묻지 않았을뿐더러 그들의 건강까지 생각해서 거친 말고기와 함께 마실 수 있는 술을 베풀어준 것이다. 어찌 보면 진목공에게는 말 한 마리, 얼마간의 술이 지극히 작은 것이라고 할 수 있다. 하지만 이러한 작은 은혜가 시골 사람들의 마음을 움직였다. 비록 군자들이 말하는 덕이나 도, 예 등은 아무리 말해도 알아듣지 못하지만, 마음을 감동시키는 은혜는 결코 잊지 못하는 법이다. 그래서 그들은 진목공의 은혜를 항상 마음속에 품고 있었고, 결정적인 순간에 그의 목숨을 구했던 것이다.

중국 고전에서 보면 따뜻한 말 한마디, 작은 온정이 나중에 어떻게 크게 보답받는지를 보여주는 고사들이 많다. 그 대표적인 것이 바로 우리가 '결초보은結草報恩'이라는 사자성어로 잘 알고 있는 고사이다. 진나라의 위과가 자신의 계모가 순사殉死(아내가 남편을 따라 죽음) 당할 것을 막아주자 그 계모의 아버지의 혼이 은혜를 갚는다는 이야기다. 위과가 전쟁에서 위험에 빠졌을 때 뒤따라오는 적 앞에 있는 풀들을 묶어 적들이 걸려 넘어지게 함으로써 위기를 벗어나게 했다는 다소 허황된 이야기이지만, 이것이 바로 작은 베품을 소중히 하는 마음을 잘 보여주고 있는 것이다.

우리는 흔히 감정에 휩싸여 우리가 진정으로 원하는 것이 무엇인지, 그것을 얻기 위해 어떻게 행동해야 하는지를 잊는 경우가 많다. 특히 조직을 이끄는 리더의 경우 사소한 일에 격분하여 충분히 관용을 베풀 만한 일에도 화를 참지 못하는 실수를 하곤 한다. 그 이유는 바로 그들이 권력을 가지고 있기 때문이다. 원래 권력을 쥐고 있으면 그것을 쓰고 싶어지는 법이다. 그래서 화가 나는 일이 있을 때 그 감정을 다스리지 못해 오히려 더 큰 일을 만드는 경우도 많다. 하지만 순간적인 화를 참지 못하면 속이 시원해지기보다는 오히려 공허감에 빠져 후회하는 경우가 많다. 통쾌함은 잠시이고 오랫동안 모멸감에 괴로워하는 것이다.

한신은 초나라의 왕이 되었을 때, 오래전 자신을 가랑이 밑으로 지나가게 했던 불량배를 다시 만났다. 그런데 모두의 예상과는 달리 그 불량배를 자신의 경비병으로 삼으면서 한신은 이렇게 말했다. "그 시장 바닥에서 나는 그를 죽일 수도 있었다. 하지만 순간의 분을 참지 못했다면 나는 살인자가 되었을 것이다. 그로부터 받은 모욕이 나로 하여금 겸손함과 신중한 처신을 일깨워주었다. 오늘날 내가 공을 이룬 것은 그 일이 시작이다."

화가 치밀어 오르는 순간, 냉정을 되찾고 나에게 이익이 되는 일이 무엇인지를 생각해서 행동한다면 뜻하지 않게 미래의 큰 이익을 얻을 수도 있다. 또 어려울 때, 특히 미천한 사람들에게 베푼 작은 은혜가 큰 보답으로 돌아오기도 하는 것이다.

## 통하는 건배사

제환공, 관중, 포숙, 영척이 함께 술을 마시며 즐거운 시간을 보내고 있었다.
환공이 포숙에게 "술잔을 들고 축원해 보십시오" 하자 포숙이 말했다.
"왕은 거나라에서 망명생활을 하던 일을 잊지 않게 하시고, 관중은 노나라에서 묶였던 일을 잊지 않게 하시며, 영척에게는 소를 먹이며 비천하게 살던 것을 잊지 않게 하소서."
자리는 숙연해졌고, 환공은 두 번 절하며 말했다.
"과인과 대부들이 선생의 말을 잊지 않고 새긴다면 제나라의 사직은 무궁할 것입니다."

• 《여씨춘추》 •

환공은 공손무지의 반란이 있자 거나라로 망명을 가야 했고, 관중은 환공의 반대편이었던 공자 규의 편에 섰다가 패배한 뒤 노나라에 잡혀 거의 죽을 뻔한 지경에 처하기도 했다. 영척 역시 성문 밖에서 소를 먹이며 비천하게 살다가 비로소 환공에 의해 발탁되어 대부가 될 수 있었다. 이들 모두는 어려운 상황을 겪다가 큰 성공을 거둔 공통점이 있다.

포숙은 지금은 함께 부귀를 누리는 이 사람들의 어려웠던 과거를 거론하며, 모두가 그 사실을 잊지 말고 뼛속 깊이 새길 것을 기원했다. 어떻게 보면 즐거운 술자리 분위기를 깨는 이야기로, 오늘날의 관점에서 보면 포숙은 분위기 파악을 못하는 꽉 막힌 사람으로 여겨질 것이다. 하지만 환공은 흔쾌히 포숙의 충정을 받아들이며 감사를 표했다.

발전하는 나라를 보면 반드시 그 군주는 스스로 겸손하게 처신하고 신하의 충언을 받아들인다. 만약 자신에게 충언을 하는 신하가 없다면 안타까워하며 신하들에게 직언을 하도록 권한다. 자신의 부족함을 알고 신하들의 직언의 소중함을 잘 알고 있는 것이다.

"백 마리 양의 껍질이 한 마리 여우의 겨드랑이 털만 못하다." 진나라 6경 중의 한 사람이었던 조간자가 직언을 하는 신하가 하나도 없음을 안타까워하며 했던 말이다. 모두가 부드럽고 따뜻한 양의 가죽과 같이 번드르르하게 말을 하지만 여우 겨드랑이의 털처럼 따끔하게 직언을 하는 신하가 없다는 말이다.

이처럼 뛰어난 군주는 비록 따끔할지언정 신하들의 직언을 구한다. 하지만 망국의 군주는 다르다. 《여씨춘추》를 보면 "망국의 군주는 스스로 교만하고, 스스로 지혜롭게 여기고, 스스로 사물을 경시한다"고 실려 있다. 좀 더 직설적으로 "망국의 군주에게는 직언을 할 수 없다"고도 한다. 그만큼 군주들에게는 겸손한 마음과 직언을 받아들이는 마음의 자세가 필요하다.

사람들은 성공하고 명예를 가지게 되면 옛날의 어려운 일은 잊기가 쉽다. 아니 기억하고 싶지 않은 것인지도 모른다. 지금 누리고 있는 부와 명예가 마치 처음부터 주어진 것으로 생각한다. 그래서 '개구리 올챙이 적 시절 모른다'는 격언이 있는 것이다. 하지만 주역에 있는 '항룡유회亢龍有悔'의 사자성어처럼 맨 위까지 올라간 용은 반드시 후회를 하게 된다. 달이 차면 기울고 그릇이 차면 엎어지는 것처럼 위로 올라갈수록 겸손하지 않으면 후회하는 일이 생기게 마련이다.

포숙은 이런 점을 따끔하게 지적하고 있다. 어떻게 보면 술자리에서 술맛 떨어지는 건배사일 수도 있다. 대부분의 경우 이처럼 흥겨운 자리를 망치는 사람은 미움을 받게 된다. 하지만 포숙이 누구인가? 포로로 사로잡혔던 관중을 자신보다 더 높은 자리로 추천했고, 환공과 제나라의 부흥을 위해 자신의 영달을 생각하지 않았던 충신이다. 환공은 이런 포숙의 됨됨이를 알기에 그의 간언을 진심으로 받아들였다. 그 신하에 그 군주인 셈이다.

요즘 술자리에서 건배사를 하는 것이 유행이 되었다. 사람들은 재미있게 건배사를 하기 위해 인터넷을 뒤지고 좋은 건배사를 위해 공부도 한다. 얼마 전에는 상황에 따라 수십 가지의 건배사를 소개한 책이 나와 베스트셀러가 되기도 했다. 나는 그 책을 우연한 기회에 읽고 책의 소재로는 기발하다고 생각했지만, 과연 그 책을 읽은 사람들에게 얼마나 도움이 되었을지는 의문이 생겼다.

물론 상황에 따라 재미있고 유머러스하게 흥을 살리는 건배사를 해야 할 때가 있을 것이다. 물론 그런 능력을 가지고 있다면 더 없이 좋다고 할 수 있다. 무미건조한 건배사보다는 훨씬 더 분위기도 살고 사람들의 마음을 하나로 모을 수 있다. 하지만 꼭 필요한 상황에서 한 번씩 마음을 가다듬을 수 있는 건배사도 필요하다. 특히 조직이나 회사가 잘나가고 있을 때 경각심을 갖도록 하는 사람도 꼭 필요한 법이다.

# 명마보다 백락을 찾으라

관중이 노나라에 잡혀 있을 때 제환공은 포숙을 재상으로 임명하려고 했다. 그러자 포숙은 "임금께서는 제나라에 만족하시면 저를 쓰시면 됩니다. 하지만 천하의 패왕이 되고자 한다면 관중을 쓰십시오. 저는 그보다 못합니다"라고 말했다. 그러자 환공은 "그는 나의 원수이자 활로 나를 쏘았던 자이니 그를 쓸 수 없소"라고 대답했다.

이에 포숙은 "관중은 자신의 군주를 위해 남을 쏘았던 것입니다. 만약 임금께서 그를 신하로 삼으신다면 그는 임금을 위해 다른 사람을 쏠 것입니다"라며 거듭 천거했다.

환공은 마침내 포숙의 말을 따라 관중을 재상으로 임명했다. 그 후 관중이 제나라를 잘 다스려 큰 공을 세울 때마다 환공은 반드시 먼저 포숙을 칭찬하며 포상을 했다.

"제나라로 하여금 관중을 얻게 한 사람은 포숙이다."

● 《여씨춘추》 ●

"명마를 구하기보다 백락을 찾으라"는 고전의 말이 바로 이러한 사례를 말한다. 그래서 "뛰어난 천리마 열 마리를 구하는 것보다 그 것을 알아보는 능력을 가진 명마 감별사 백락伯樂을 얻는 것이 낫고, 열 자루의 좋은 칼을 얻는 것보다 한 명의 구야歐冶(명검을 만드는 장인) 를 얻는 것이 나으며, 사방 천리의 땅을 얻는 것도 한 명의 현자賢者 를 얻는 것보다 못하다"는 말이 있는 것이다.

관중은 환공을 패왕으로 만드는 데 큰 공을 세웠지만, 그의 능력을 알아보고 천거한 포숙이 없었다면 이미 오래전에 목숨을 잃고 말았을 것이다. 환공이 공자 규와 왕의 자리를 두고 싸울 때 공자 규의 편에 섰기 때문이다. 이 때 포숙은 환공에게 관중의 능력을 전하며 그를 살려서 중용할 것을 권한다. 또한 자신을 재상으로 쓰려는 환공에게 나라를 위해 관중을 쓰라고 하며 양보한다.

사람들은 아무리 뛰어난 인물이라고 해도 눈앞에 닥친 부와 명예 앞에서 흔들리는 경우가 많다. 이때는 아무리 절친한 친구라고 해도 서로 견제하게 된다. 진시황의 총애를 빼앗기지 않으려고 옛 친구이던 한비를 모함하여 죽게 했던 이사가 바로 그런 경우이다.

하지만 포숙은 자신을 재상으로 임명하려는 환공을 만류하며 자신보다 더 뛰어난 인물인 관중을 천거했다. 자신은 제나라를 다스릴 정도의 소위 국내용이지만 관중은 천하를 호령할 수 있는 인물이라는 것이다. 충성심도 훌륭했지만 대단한 우정이 아닐 수 없다. 그래서 사람들은 '관포지교管鮑之交'라는 말로 그들의 우정을 오늘날까지 그리는 것이다. 한편 환공 역시 자신의 원수이자 목숨을 빼앗으려 했던 인물인 관중을 과감하게 발탁하는 파격적인 인사를 함으로써 나라의 앞날을 이끌 뛰어난 명재상을 얻을 수 있었다.

관중이 공을 세울 때마다 관중을 칭찬하고 포상하기에 앞서 포숙을 먼저 칭찬한 것은 제환공이 얼마나 사람을 다루는 능력이 뛰어났는지를 충분히 짐작할 수 있게 한다. 사람들은 뛰어난 공을 세운 사람을 칭찬하지, 그를 천거했던 사람이 있었다는 사실은 곧잘 잊고 만다. 눈앞의 화려함에 취해 근본을 잊는 경우가 많은 것이다. 하지만 정말 뛰어난 리더는 지금 당장 공을 세우고 있는 사람보다는, 보이지 않는 곳에서 공을 세워 그늘에 가려 있는 사람들을 먼저 생각한다. 이름 없이 빛 없이 헌신하는 사람을 더욱 중시하는 것이다.

특히 포상을 할 때는 무엇보다도 근본을 찾아 상을 줄 수 있어야 한다. 근본을 찾아 상을 주면 잘못된 포상으로 인해 원망 들을 일이 없어지고, 누구나 다 인정하는 공정한 포상이 가능해진다. 사람들은 당장 큰 상을 베푸는 것보다 공정하게 포상이 베풀어지는 것을 바란다. 아무리 넉넉하고 푸짐한 포상이라고 해도 그것이 공정하지 못하다면 오히려 하지 않느니만 못하다.

훌륭한 장수가 천리마가 잘 달릴 때마다 명마를 찾아낸 백락의 공을 생각하듯이, 리더라면 항상 포숙의 공로를 잊지 않고 거론했던 제환공의 지혜를 생각해야 한다. '곡돌사신曲突徙薪'의 고사에 있는 것처럼 불이 났을 때 도움을 준 사람에게는 감사를 표하지만, 정작 불이 나기 전에 '굴뚝을 조금 굽히고 곁에 있는 땔감을 옮기라'고 조언을 한 나그네는 잊혀지기 마련이다. 당장 눈앞에서 공을 세운 사람은 기억하고, 그 일의 기초를 만들고 다진 사람은 쉽게 잊고 만다면 더 이상 훌륭한 인재는 모을 수 없다.

흔히 마음이 중요하다고 한다. 그래서 흔한 말로 "마음이 더 소중하지, 표현이 뭐가 중요한가?"라고 변명 아닌 변명을 하는 사람도 있다. 하지만 대부분의 경우 마음속에 있는 말은 잘 알 수가 없다. 마음에 있다면 표현할 수 있어야 한다. 그리고 "군자는 입으로만 칭찬하지 않는다"는 《예기》의 말처럼 그에 합당한 포상을 할 수 있어야 한다.

관중이 공을 세울 때마다 포숙을 먼저 칭찬했던 환공의 지혜를 기억하라.

## 꾸밈없이 진술하게 격려한다

제나라 왕의 신하 양구거가 안자의 인품과 재능을 부러워하여 안자에게 말했다.

"저는 죽을 때까지 선생에게 미칠 수 없을 것 같습니다."

안자는 이렇게 대답했다.

"제가 듣기로 행하는 자는 항상 성취하기 마련이고, 걷는 자는 포기하지 않으면 끝내 목적지에 도달한다고 합니다. 나라고 해서 남과 다르지 않습니다. 항상 움직여 쉬지 않았을 뿐입니다. 선생께서는 어찌 미치지 못한다고 하십니까?"

•《안자춘추》•

양구거는 안자와 함께 제나라 경공을 섬기던 신하로, 이 세 사람에 관해 다음과 같은 고사가 전해진다.

제나라 경공이 부하를 이끌고 사냥을 하러 나갔다. 안자<sup>晏子</sup>가 그를 따르고 있었고 양구거<sup>梁丘據</sup>도 마차를 몰고 그 뒤를 따라오고 있었다. 경공이 안자에게 말했다. "양구거만이 나와 마음이 맞는 사람인 것 같소."

그러자 안자가 답했다. "제가 보기에 두 사람 사이에는 '같음'만 있을 뿐 '어울림'은 없습니다. 양구거는 폐하의 뜻에 무조건 따르는 것뿐인데 무엇이 잘 맞는다는 말씀입니까?"

이 얘기를 들은 경공은 의아했다. "같음과 어울림의 차이가 대체 무엇이란 말이오?"

다시 안자가 답했다.

"잘 어울린다는 것은 맛있는 탕을 끓여 내기 위해서는 양념이 조화를 이루어야 하는 것과 같습니다. 싱겁지도 않고, 짜지도 않으면서 적절하게 재료들이 어울려야 제 맛이 나는 것입니다. 군신관계도 다를 게 없습니다. 군주의 의견이라고 하여 무조건 옳고 완전무결할 수가 있겠습니까? 잘못된 부분이 있다면 바로잡을 수 있어야 합니다. 이것이 진정 나라를 평안하게 운영하는 길입니다."

경공이 수긍하여 고개를 끄덕이자 안자는 자신의 소신을 마저 밝혔다.

"양구거가 군주의 뜻을 무조건 받드는 것은 부화뇌동과 다르지 않습니다. 군주의 마음이 기우는 쪽을 먼저 알아차리고 무조건 옳다고 맞장구를 치는 것입니다. 이것은 짠 국물에 계속 소금을 넣는 꼴입니다."

양구거는 경공으로부터 '뜻이 맞는 신하'라는 말을 들을 정도로 신임을 받았지만, 안자는 양구거가 경공의 뜻에 무조건 따르기만 할 뿐 잘못된 점을 간언해서 고치려고 하지 않는다고 지적했다. 양구거는 군주의 마음에 맞는 신하이기는 하지만 안자의 기준에는 미치지 못했던 것이다. 《논어》에는 "군자는 조화를 이루되 동화되지 않지만 소인은 쉽게 동화되지만 조화를 이루지 못한다"고 실려 있다. 안자는 양구거를 '동화는 되지만 조화를 이루기에는 부족하다'고 평가하는 것이다.

양구거는 함께 경공을 모시면서 보아 왔던 안자의 재능과 탁월한 말솜씨를 부러워하며 안자에게 솔직하게 자신의 부족함을 고백했다. 그러자 안자는 자신 역시 날 때부터 뛰어난 사람은 아니고 단지 포기하지 않고 열심히 노력했기 때문에 이룰 수 있었다고 양구거를 격려했다.

안자는 초나라의 왕과 같이 자신을 공격하고 흠집을 내려는 사람에게는 몇 배로 갚아주었고, 모시던 경공에게는 강직하면서도 담대하게 간언을 했다. 같은 신하였던 양구거에 대해서도 그 모자란 점은 신랄하게 지적을 했다. 하지만 양구거가 솔직하고 겸손하게 배움을 청할 때는 따뜻하게 상대를 격려하며 힘을 북돋아 주었다.

말을 잘한다는 것은 상대와의 말싸움에서 항상 이긴다든지, 재미있는 말로 상대방을 즐겁게 만든다든지, 상대를 잘 설득하는 것에만 국한하지 않는다. 이처럼 자신을 믿고 의지하며 고민을 토로할 때 따뜻한 말로 격려하며 새롭게 힘을 얻게 하는 능력도 중요하다.

누군가로부터 인정받고 높임을 받을 때 반응하는 방법은 여러 가지가 있을 수 있다. 우쭐하는 마음에 교만해지는 사람이 있는가 하면 겸손하게 자신을 낮추고 함께 성장하기 위해 노력하려고 하는 사람도 있다. 이는 인격적인 성숙도에 따라 갈라지는데 안자는 후자에 속한 사람이다. 자신이 어떻게 성장할 수 있었는지를 솔직히 이야기해주고, 함께 노력해서 성장하자고 격려한다. 사람들은 이런 솔직한 격려를 받을 때 힘을 얻는다. 그 사람에 대한 존경심도 더 커진다.

《예기》에는 '교학상장<sup>敎學相長</sup>'이라는 말이 실려 있다. '가르치고 배우며 함께 성장한다'는 말로 가르침을 주는 사람도 그것을 통해 배우며 성장한다는 뜻이 담겨 있다. 안자는 이 말의 뜻을 잘 알았고 또 실천했다. 솔직하게 가르침을 구하는 양구거에게 자신의 장점과 능력을 자랑하는 것보다 겸손하게 '누구라도 열심히 공부하고 노력하면 좋은 결실을 맺을 수 있다'고 말하고 있다. 양구거를 가르치면서 자신의 마음가짐 역시 가다듬고 있는 것이다.

## 소리를 내지 않는
## 심중의 말이 들리는가

조조가 후한의 재상으로 있던 시절 양덕조(양수)가 그의 충복 역할을 하고 있었다.

당시 재상 관저에 문을 세우고 있었는데 막 서까래를 얹으려는 무렵 조조가 공사 현장에 들렀다.

조조는 현장을 한참 보다가 문(門)에다 활(活) 자를 쓰라고 지시하고는 돌아갔다.

양덕조는 이를 보고 곧 문을 헐고 새로 짓도록 지시하며 말했다.

"문 안에 활 자를 넣으면 넓을 활(闊) 자가 된다. 재상께서는 문이 너무 넓다고 느끼신 것이다."

•《세설신어》•

조조는 훗날 위나라의 시조가 되어 진정한 삼국전쟁의 승자가 되는 인물이다. 비록 《삼국지연의》에서 그는 '난세의 간웅'으로 불리며 권모술수에 능한 악인으로 평가되고 있지만, 사실은 환관의 자손으로 태어나 수많은 고난을 딛고 천하를 쟁패하는 입지전적인 영웅이다.

전쟁터에서는 다양한 전략과 전술로 전쟁을 이끈 탁월한 지략가였지만, 자신이 좋아하던 관우에 대해 끝없는 신뢰와 변하지 않는 사랑을 보인 로맨티스트의 면모도 보이고 있다. 한편 문장에도 뛰어난 재능을 가졌고, 여러 가지 상황에 대처하는 임기응변 능력은 타의 추종을 불허할 정도였다. 그에 관한 유명한 '망매해갈望梅解渴' 고사 하나를 살펴보자.

대군을 이끌고 반란군 장수를 정벌하러 가던 조조는 큰 위기에 봉착한다. 마실 물이 떨어져 군사들이 하나둘 쓰러지고 있었던 것이다. 망연자실하여 그 광경을 바라보던 조조는 갑자기 큰 소리로 외쳤다.

"저 산을 넘어가면 커다란 매실나무 숲이 있다. 지금이면 매실이 활짝 열려 있을 것이니 조금만 더 가면 된다. 모두 힘을 내라!"

이 말을 들은 조조의 군사들은 모두 머릿속에 새콤한 매실의 맛을 떠올리게 되었고, 입에 침이 가득 고인 군사들은 갈증을 해소하게 되었다. 이 이야기는 흔히 사람을 속이는 잔꾀로 비유되기도 하지만, 조조의 탁월한 임기응변 능력을 여실히 보여준다. 그리고 사람의 본성을 읽고 심리를 이용하는 조조의 다재다능한 능력이 담겨 있는 이야기다.

전쟁터에서 쓰러져 가는 군사를 살리는 데 정도와 인의를 고집하는 것은 어리석은 일이 아닐 수 없다. 비록 산 너머에 매실나무가 없다고 하더라도, 당장 목이 말라 쓰러지는 장병을 아무 대책 없이 바라만 보는 것보다는 훨씬 낫지 않은가. 그러고 보면 조조는 고지식할 정도로 도와 의를 고집하던 그 당시에 가장 실용적이며 혁신적인 인물로 손색이 없다고 보인다.

아무런 말도 없이 자신의 뜻을 전달함으로써 넓은 문을 헐게 한 위의 고사를 보면 조조의 재치를 잘 알 수 있다. 조조는 자신의 관사가 지나치게 넓게 지어지는 것을 보며 마음의 부담을 느꼈을 수도 있다. 그래서 문을 다시 짓게 하고 싶은데 마침 현장을 책임지고 있던 양덕조는 자리에 없고 마땅히 자신의 뜻을 전달할 사람조차 눈에 보이지 않았을 것이다. 그래서 자신의 심복인 양덕조가 왔을 때 자신의 뜻을 알 수 있는 한 마디를 남기고 떠난 것이다.

양덕조는 조조의 심중을 정확하게 읽었고, 한 치의 오차도 없이 조조의 뜻을 받들었다. 어떻게 보면 조조보다 오히려 한수 위의 인물이었다고도 할 수 있다. 조조는 해답을 알고 문제를 냈지만 양덕조는 조조의 머릿속에 있는 해답을 찾아냈다. 하지만 이러한 탁월한 능력 때문에 양덕조는 결국 조조로부터 버림을 받게 된다. 탁월한 능력과 자신의 실력을 뽐낼 줄은 알았지만 겸손할 줄 모르는 태도가 조조의 의심을 받게 된 것이다.

 이것을 보면 양덕조의 능력이 뛰어나기는 했지만, 진정한 통찰력을 가진 사람이라고 하기에는 부족하다는 것을 잘 알 수 있다. 머리는 좋았지만 사람을 읽고 판단하는 능력은 부족했던 것이다. 만약 정말 뛰어난 사람이었다면 천하의 간웅이라는 조조의 인물됨을 읽고, 자신의 능력을 다 보이지 않고 감추어두지 않았을까?

 여기서는 '말'이라는 측면에서 이 고사를 생각해보기로 하자. 우리는 이 장면을 보면서 '말'은 꼭 '말'로 할 필요가 없다는 것을 알 수 있다. 조조와 양덕조라는 두 고수는 비록 한 마디의 말도 주고받지 않았지만 서로의 생각을 정확하게 읽고 행동에 옮겼다. 오랜 심복이라면 이 정도로 리더의 뜻을 읽을 수 있어야 하지 않을까.

# 가슴을 뒤흔드는
# 한 수를 던져라

유비의 아들 유선劉禪은 열일곱 살에 유비의 뒤를 이어 제위에 오른다. 유비는 임종하면서 승상 제갈량에게 유선을 부탁했다.
"그대의 재주는 조비(조조의 아들)의 열 배가 되니 틀림없이 나라를 안정시키고 천하 대사를 이룰 수 있을 것이오. 내 아들 유선이 많이 부족하니 보좌할 만하면 보좌할 것이되, 만약 불가하다고 생각되면 아들을 폐하고 그대가 스스로 대권을 가져도 좋소."
제갈량은 눈물을 흘리며 말했다.
"신이 어찌 감히 온 힘을 다해 충성하지 않겠습니까? 목숨을 바쳐 폐하가 보위를 잇도록 하겠습니다."

• 《십팔사략》 •

유비의 아들 유선은 조자룡 앞에서 유비가 내팽개쳐서 머리를 다쳤다고 한다. 목숨을 걸고 아들을 사지에서 단신으로 구해온 조자룡의 충성에 유비가 감동하여 "이까짓 아들 때문에 충신을 잃을 뻔하지 않았는가?" 외치며 아들을 팽개쳤지만, 아무 죄도 없는 아들을 내동댕이친 유비는 마음이 아팠을 것이다. 주군의 이 행동에 감동하여 평생을 두고 충성을 맹세하는 장수를 얻기는 했지만, 아들이 그 때문에 머리를 다쳐 제 역할을 하지 못하니 유비는 죄책감에 시달리기도 했을 것이다.

유비는 어리석은 아들에게 황제를 물려주면서 제일 마음에 걸리는 존재가 바로 제갈량이었다. 타고난 전략가이면서 백성으로부터도 신망을 받는 존재인 제갈량이 마음만 먹으면 얼마든지 어리석은 유선으로부터 황제의 자리를 뺏을 수 있다는 생각이 들었을 것이다. 그래서 유비는 차라리 제갈량에서 솔직하게 말했다. 내 아들이 많이 부족하니 잘 부탁하겠지만, 도저히 안 되겠다는 생각이 들면 차라리 승상이 그 자리를 차지하여 나라를 다스려 달라는 말이다. 이 말을 들은 제갈량은 머리를 바닥에 찧고 눈물을 흘리며 충성을 맹세하게 된다.

솔직히 마음속에 흉계를 감추고 있는 간신이라도 죽음을 앞둔 주군이 아들을 부탁하는데 거짓을 말하지는 않을 것이다. 설사 나중에 황제의 자리를 강제로 빼앗았을지언정 그 자리에서만은 진심으로 충성을 맹세할 것이다. 인품이 뛰어난 제갈량은 오죽했겠는가? 실제로 제갈량은 죽을 때까지 최선을 다해 유선을 황제로 모시며 충성을 다했다.

여기서 우리는 유비의 마음속을 한번 들여다볼 필요가 있을 것 같다. 과연 유비는 진정으로 제갈량이 아들을 폐하고 황제의 자리를 잇기를 바랐을까? 실제로 유비가 정말 제갈량에게 왕위를 넘겨줄 생각이었다면 그 자리에서 넘겨주었을 것이다. 누가 보아도 모자란 유선이 다스리는 것보다 제갈량이 다스리는 것이 훨씬 나은데 뜸을 들일 필요가 없지 않았을까.

유비는 그럴 마음이 없었지만 자신이 진정으로 제갈량의 능력을 인정한다는 것을 보여주고, 제갈량의 순수한 마음에 호소함으로써 제갈량으로 하여금 다시 한번 충성을 다짐하게 만들었다. 이것을 보면 유비는 사람의 마음을 다루는 데는 탁월한 능력이 있었음을 새삼 또 확인할 수 있다. 부하들을 형제로 엮음으로써 목숨을 다해 자신을 모시도록 했던 '도원결의', 뛰어난 부하를 모셔오기 위해 세 번의 방문도 마다하지 않았던 '삼고초려', 그리고 위에서 소개했던 것처럼 아들보다 부하 장수를 더 소중하게 여기는 것을 보여주기 위한 쇼맨십까지, 그야말로 사람의 마음을 들었다 놓았다 하는 데 귀신같은 능력을 보인 것이다.

만약 위의 장면에서 유비가 조금이라도 자신의 불안한 마음을 보였다면 제갈량은 어떻게 행동했을까? 물론 신의와 충정이 넘치는 제갈량이 다른 마음을 품지는 않았을 것이다. 하지만 자신을 믿지 못하고 혹시 아들의 자리를 빼앗지 않을까 걱정하는 마음을 조금이라도 보았다면 죽을 때까지 충성을 다짐했던 제갈량은 섭섭한 마음을 금하지 못했을 것이다.

부하의 마음을 움직일 때 가장 먼저 해야 할 일은 부하의 능력을 인정하는 것이다. 그 뛰어난 점을 인정하고 먼저 칭찬을 해야 한다. 그리고 그 능력을 바르게 써 줄 것을 당부하면 부하들은 최후까지 최선을 다해 충성을 다하게 된다.

그리고 부하와의 대화에서는 조금이라도 의심하는 마음을 나타내면 안 된다. 삼성의 창업주 고 이병철 회장은 "사람을 의심하거든 쓰지 말고 사람을 썼으면 의심하지 말라"는 좌우명을 가지고 있었다고 한다. 부하를 의심하는 마음은 조직에 심각한 악영향을 초래하게 된다. 먼저 상사는 부하가 미덥지 못해 계속 관심을 쏟아야 하기 때문에 자신의 일을 제대로 처리하지 못한다. 부하 역시 의심받고 있다는 것을 알게 되면 의욕을 잃게 되고 제 역할을 다 할 수 없다. 결국 조직으로부터도 마음이 떠나게 된다.

조직이 성장하고 발전하려면 상하 간의 든든한 믿음이 바탕이 되어야 한다. 부하를 절대적으로 믿으며, 심지어 자신의 아들이 가진 황제의 자리까지도 맡길 수 있다는 신뢰는 부하의 마음을 격동시켜 충성을 다하게 만든다.

## 말이 아닌 것으로도
## 말할 수 있어야 한다

당나라 목종이 한림학사 유공권의 글씨를 보고 좋아하게 되어 그에게 물었다.

"경의 글씨는 어찌 그리 아름다울 수 있소?"

유공권이 대답했다.

"붓의 움직임이 마음속에 있어야 합니다. 마음이 바르면 글씨도 바르게 되지요."

목종은 자세를 바르게 했다. 유공권이 글씨를 통해 자신에게 간언을 한 것임을 알아차린 것이다.

• 《체감도설》 •

두 사람의 대화를 보면 다른 것은 없고 오직 글씨에 관한 것뿐이다. 목종은 유공권의 글씨체를 사랑하여 칭찬했고, 유공권은 자신의 글씨는 바른 마음가짐에서 나온다고 했다.

하지만 두 사람은 겉으로 말하는 것과 함께 마음속으로도 대화를 나누고 있다. 유공권은 자신의 아름다운 글씨체는 곧고 바른 마음가짐에서 나온다고 하면서 군주가 가져야 하는 바른 마음가짐에 대해 말하고 있다. 글씨가 마음에서 나오는 것처럼 다른 모든 것 역시 마음에서 비롯되므로 무슨 일을 하기에 앞서 자신의 마음부터 가다듬는 것이 중요하다는 것이다. 특히 임금의 다스림은 무엇보다도 중요하고, 임금의 행동 하나하나는 모든 변화의 근원이 되므로, 나라를 다스리는 임금은 반드시 올바른 마음을 가져야 한다고 말하고 있다.

한편 목종 역시 유공권이 하는 말을 듣고 자신에게 주는 말임을 알아차리게 된다. 비록 직접적으로 임금의 자세를 거론한 것은 아니지만 '아름다운 마음이 아름다운 글씨를 만든다'는 말을 통해서, 임금이 바른 마음을 가져야 바르게 통치할 수 있다고 말하는 뜻을 알게 된 것이다. 유공권이 간언을 하지 않는 듯이 간언을 하는 뛰어난 신하라고 한다면, 목종 역시 신하가 겉으로 드러내지 않으면서 하는 간언을 받아들여 자세를 바르게 하는 훌륭한 임금이라는 것을 이 고사를 통해 잘 알 수 있다.

신하로서 임금에게 간언을 하는 것은 결코 쉬운 일이 아니다. 옛날의 임금이라고 하면 나라의 모든 것을 결정할 수 있는 것은 물론 신하의 생사여탈권까지 쥐고 있던 강력한 권한을 가지고 있었다. 그래서 자신에게 주어진 무소불위의 권력을 마구 휘둘러 비극적인 최후를 맞은 임금도 있고, 슬기롭게 권력을 잘 사용함으로써 훌륭한 임금으로 인정받았던 군주도 있었다.

《서경》에는 "나무는 먹줄을 따르면 반듯해지고 군주는 간하는 말을 들으면 거룩해진다"라고 실려 있다. 《공자가어》에도 같은 뜻의 말이 실려 있는데, 많은 고전에서 이처럼 같은 말이 실려 있는 것은 그만큼 사람들에게는 간언을 받아들이기 어려운 본성이 있다는 뜻이다. 달콤한 교언영색보다 따끔한 질책의 간언이 좋다고 말은 하지만, 실제로 그런 말을 들을 때 자신의 마음을 다스리기 어려워지는 것이 인지상정인 것이다.

하지만 이런 군주의 마음을 읽고 그에 맞추어 간언을 하는 것은 신하의 도리라고 할 수 있다. '간언을 잘 듣지 않는 사람은 훌륭한 군주가 아니다'라고 불평하며 자신의 방식만 고집하면 결코 훌륭한 신하라고 할 수 없으며 필시 그 마지막이 아름답지 못하다.

현명한 리더가 부하들의 충고와 간언을 잘 받아들여야 하는 것처럼, 현명한 부하는 상사가 간언을 잘 받아들이도록 말하는 사람이다. 상사의 성격에 맞춰서 때로는 직언으로, 때로는 부드럽게, 때로는 직접적인 말이 아닌 행동으로, 아니면 글이나 다른 소통 수단을 통해서 상사가 간언을 받아들이도록 해야 한다. 이것이 바로 상대의 성격과 성품에 맞추어서 하는 소통이다.

별다른 이유 없이 항상 주위에 사람들이 모이고 끊이지 않는 사람이 있다. 우리는 이들을 '소통의 달인'이라고 부른다. 이들 달인들이 공통적으로 가지고 있는 비밀은 바로 이것이다. 각 사람의 장단점과 성격, 특성에 맞추어 각각 다르게 대응하는 것이다. 《귀곡자》에는 다음과 같이 실려 있다. "현자와 불초한 자, 지혜로운 자와 어리석은 자, 용맹한 자와 비겁한 자, 어진 자와 의로운 자는 모두 제각각 장단점이 있다. 이에 따라 대응 방법도 달라질 수밖에 없는데 성인은 상대에 따라 다르게 대한다."

사람에 따라 다르게 대응할 수 있는 능력을 키워야 한다.

제8편

# 일침견혈
針見血

: 한 방에
핵심을
찔러라

一 針 見 血
한 방에 핵심을 찔러라

## 사람을 제대로 쓰는 자, 천하를 얻는다

한고조(유방)가 천하를 제패하고 낙양 남궁에서 연회를 베풀며 신하들에게 물었다.

"내가 천하를 얻은 까닭은 무엇이며 항우가 천하를 잃은 까닭은 무엇인가?"

신하인 고기와 왕릉이 대답했다.

"폐하는 사람을 시켜 성을 공략한 다음 항복을 받아낸 사람에게 그 땅을 나누어주어 천하와 이로움을 함께 했습니다. 그러나 항우는 어질고 유능한 자를 시기하였고, 싸움에 이겨도 공을 남에게 돌리지 않았으며 땅을 얻어도 나누어주지 않았으니 바로 이 차이로 천하를 잃었습니다."

대답을 들은 고조가 말했다.

"그대들은 하나는 알고 둘은 모른다. 군막 안에서 계책을 세워 천리 밖에 있는 전장에서 승리하는 일은 내가 장량만 못하다. 나라를 안정시키고 백성을 위안하며 전방에 식량을 원활히

공급하는 일은 내가 소하만 못하다. 100만 대군을 통솔하여 싸웠다 하면 반드시 승리를 손에 넣는 일은 내가 한신만 못하다. 이 세 사람이 모두 뛰어난 인물들이지만 나는 이들을 쓸 수 있었기에 천하를 얻을 수 있었다. 항우는 범증이라는 뛰어난 인물이 한 사람 있었지만 믿고 쓰지 못했기에 내게 덜미를 잡히고 말았다."

• 《십팔사략》 •

천하를 얻는 사람은 당연히 탁월한 영웅호걸이다. 항우는 유방보다 더욱 용맹한 호걸이었지만 유방에게 천하를 뺏기고 말았다. 그 차이를 유방은 정확하게 지적하고 있다. 자신이 사람을 알아보고 제대로 쓸 수 있었기 때문에 독불장군 식이던 항우를 이길 수 있었다는 말이다.

이 대화는 유방의 한 차원 높은 격이 잘 드러나 있다. 사람들은 누구나 자신을 내세우고 싶은 마음이 있다. 특히 대업을 이룬 다음은 더욱 그렇다. 이미 자신의 위대함을 증명했는데 좀 잘난 척하면 어떻겠는가? 설사 다른 사람들의 도움을 받았다고 해도 그것보다는 자신의 위대함을 내세우고 싶은 것이 인지상정이다. 하지만 유방은 대업을 이루었으면서도 자신을 내세우기보다는 신하들의 뛰어난 점을 먼저 인정하고 있다.

　유방은 부하들의 장점을 취해 능력을 발휘하게 하는 것에도 뛰어났지만, 겸손하게 자신을 낮추고 부하들을 높일 줄 아는 사람이었다. 《한비자》에는 "군주는 슬기롭지 않으면서도 슬기로운 자를 거느리고, 지혜롭지 못하면서도 지혜로운 자의 우두머리가 된다"는 말이 있다. 실제로 유방은 출신 성분이 뛰어난 것도 아니고 그 사람됨이 남다른 것도 아니었다. 하지만 타고난 겸손함과 분명한 대의명분으로 무장하고 있었기에 큰일을 이룰 수 있었다. 그는 부하들의 단점이 아니라 장점을, 못하는 것이 아니라 잘하는 것을 보고 일을 맡겼다. 위의 고사에서 보면 유방은 단순히 부하를 칭찬하는 데 그치지 않고 그들의 장점을 정확하게 파악하고 있었다. "지혜로운 사람은 자신의 단점을 사용하지 않고, 우둔한 사람의 장점을 사용한다"는 《귀곡자》의 지혜를 정확하게 알고 따랐던 것이다.

　직장생활을 할 때 어떤 상사를 만나느냐에 따라 그 사람의 미래가 달라진다. 부하들의 능력을 키우고 그 앞길을 열어주는 상사가 있는가 하면 부하의 능력을 은근히 질투하면서 그 앞길을 알게 모르게 가로막는 상사도 있다. 전자의 경우 그 상사와 부하는 함께 발전하지만 후자의 상사는 자신의 앞길도 가로막히지만 부하의 앞날까지 망쳐버리고 만다.

　부하의 능력을 질투하기 전에 부하와 자신은 한 배를 타고 있는 공동체임을 항상 염두에 두어야 한다. '후생가외(後生可畏)'라는 말처럼 독창적이고 참신한 후배의 능력을 경외심을 갖고 배우도록 하며, 또 부하가 갖지 못한 자신의 능력과 경륜을 가르쳐 함께 최상의 조직을 만드는 데 힘써야 하는 것이다. 그래야 자신도, 후배도, 그리고 조직도 살아나고 발전할 수 있다.

일을 이룬 다음 부하들에게 그 공을 나눠주지 못하는 사람은 항우처럼 될 수밖에 없다. 부하들의 공을 인정하고 그것을 공식적인 자리에서 선포할 수 있는 사람은 유방과 같은 결과를 얻는 것은 물론, 부하들의 충성심을 얻을 수 있기에 더욱 발전해나갈 수 있다. 그리고 이런 자세를 가지는 리더야말로 창업은 물론 수성까지 이룰 수 있는 것이다.

"창업은 어렵지만 수성도 쉽지 않다"는 고전의 말이 있다. 리더가 이런 자세를 가지고 있다면 창업은 물론 수성까지도 훌륭하게 이어갈 수 있다.

# 큰일을 앞두고
# 작은 예의에 연연하지 마라

홍문의 연회에서 변소를 간다는 핑계를 대고 간신히 항우의 면전에서 도망쳐 나온 유방은, 도망을 하라고 재촉하는 신하 번쾌에게 항우에게 인사를 하지 못하고 나왔다고 말하며 망설인다. 이때 번쾌는 유방을 다그치며 말했다.
"큰일을 할 때는 사소한 예의를 따지지 않고, 큰 예의를 행할 때는 사소한 허물을 마다하지 않는 법입니다. 지금 저들은 칼과 도마이고 우리는 그 위에 놓인 물고기 신세인데 무슨 인사를 한다고 합니까?"

• 《사기》 본기 •

천하통일을 이루었던 진나라가 망해가자 중국 각처에서 많은 영웅호걸들이 새로운 나라를 꿈꾸며 군사를 일으켰다. 그중에서 가장 강력하게 대세를 주도했던 인물은 항우였다. 항우는 자신보다 훨씬 아래에 있다고 생각했던 유방이 먼저 함양에 입성하자 대노해 홍문이라는 곳에서 연회를 베풀고 유방을 부른다.

항우의 참모 범증은 유방을 죽이려고 호시탐탐 기회를 노리지만 유방의 참모들은 이 상황에서 벗어나기 위해 노력한다. 유방은 번쾌가 항우에 대응하고 있는 사이에 변소를 간다고 핑계를 대고 나오지만 항우에게 인사를 제대로 못했다는 걱정을 하며 도망치지 않고 망설이게 된다.

이 때 번쾌는 우유부단한 유방을 다그치며 단호하게 상황을 정리한다. 지금 죽음이 코앞인데 작은 예의를 차리는 게 무슨 의미가 있느냐고 일갈한 것이다. 번쾌가 자신들을 죽이려는 항우의 일당을 칼과 도마로, 자신들은 그 위에 놓인 물고기로 비유했을 때 유방은 정신이 번쩍 들었을 것이다. 여기서 죽고 나면 그동안 꿈꾸었던 천하통일은커녕 아무도 알아주지 않는 패배자가 될 것이라는 점을 확실히 느꼈을 것이다.

번쾌는 개백정의 일을 했던 천한 신분으로 처음에는 유방과 함께 숨어서 살기도 했으며, 천하통일의 과정에서 언제나 유방과 함께했던 충직한 인물이다. 특히 유방을 죽이려 하는 항우 앞에서도 결코 주눅 들지 않았고, "대왕(항우)과 패공(유방) 사이에 틈이 벌어진 것은 모두 대왕께서 소인들의 말을 들었기 때문입니다"라고 질책했을 정도로 호쾌한 인물이었다.

번쾌는 유방과 이러한 관계가 있었기에 급박한 상황에서 자신의 주군에게 작은 예의에 얽매이지 않고 상황의 위급함을 전할 수 있었을 것이다. 만약 이 때 번쾌조차 자신의 주군에게 예의를 차리느라 우물쭈물했다가는 유방은 물론 신하들 모두가 항우의 손에 죽었을지도 모른다. 결국 유방은 천하통일을 하지 못했을 것이고 역사가 달라졌을지도 모른다.

2002년 한일 월드컵 당시 우리나라에게 4강 신화를 안겨준 히딩크 감독의 일화이다. 그가 우리나라에 부임했을 때 맨 처음 선수들에게 지침을 내린 것이 바로 운동장에서 선수 간의 호칭을 없애고 서로 이름을 부르게 한 것이다. 긴박한 순간에 "홍명보 선배님~" 하고 부르는 것이 얼마나 비효율적인지를 지적하면서, 아무리 후배라고 해도 "명보!" 하고 부르라는 것이다. 이것이 4강 신화의 핵심 요인이라고 할 수는 없을지 몰라도 운동장에서 강력한 팀으로 거듭날 수 있는 중요한 요소 중의 하나라는 사실은 부인할 수 없을 것이다.

얼마 전 아시아나 항공기의 사고를 두고도 외국의 전문가들은 상사를 어려워하는 우리나라 특유의 문화를 거론한 바 있다. 오래 전 있었던 대한항공의 괌 사고를 두고도 말콤 글래드웰은 자신의 책 《아웃라이어》에서 상하간의 권위적인 관계가 사고의 원인일 수도 있다고 주장했다. 물론 윗사람을 존중하는 우리의 전통을 함부로 버릴 수는 없겠지만, 정말 중요한 순간에 과감하게 자신의 의견을 강하게 피력할 수 있는 자세가 더 큰 위기를 막을 수 있는 방책이 된다.

《한비자》를 보면 "작은 지혜를 가진 사람에게는 국정운영의 계책을 맡길 수 없고, 작은 충성을 지닌 사람에게는 법을 주관하게 할 수 없다"는 말이 실려 있다. 상하 간의 관계에 있어서 평상시에는 당연히 예의를 차려야 하지만 위기의 순간에는 작은 예의에 얽매이지 않고 통렬한 충언을 할 수 있는 과단성이 필요하다.

# 궁지를 타개하는
# 비장의 한 수

월나라 왕 구천이 부초산에서 패한 후 남은 병사 오천 명과 함께
회계산으로 들어갔다. 오나라 왕 부차가 그들을 포위하자 월왕은
신하 문종을 보냈고, 문종은 오왕 앞에서 비장하게 말했다.
"왕께서는 부디 구천의 죄를 용서하시고 월나라의 보물을
받아주시기를 원합니다. 만약 왕께서 용서하지 않으시면 구천은
그의 처자식을 모두 죽여 버리고, 가진 보물을 모두 불사른 뒤,
남은 오천 명을 모아 결사적으로 싸울 것입니다. 왕께서는 이 모든
것을 감당하셔야 할 것입니다."

• 《사기》 세가 •

오나라 왕 부차는 이 말을 듣고 월왕을 용서해 살려주기로 마음먹었다. 이미 승패가 결정되었고, 월나라의 귀한 보물까지 손에 넣을 수 있는데 굳이 싸워서 피를 흘릴 필요가 없다고 생각했을 것이다. 게다가 앞서 월나라에 매수된 자신의 신하 백비가 "월왕은 이미 진심으로 신하가 되었으니 그를 용서하는 것이 우리에게도 이익이 됩니다"라고 말해 더욱 마음을 굳히게 되었다. 충신 오자서가 "구천은 뛰어난 군주이고 그의 신하인 문종과 범려는 훌륭한 신하이니 그들을 살려 보내면 큰 화근이 될 것입니다"라고 간언하며 막았지만 이미 기울어진 부차의 마음을 돌릴 수는 없었다.

오왕 부차는 자신의 아버지인 합려가 월나라 왕 구천에 의해 죽으면서 '월나라를 결코 잊지 말라'고 했던 유언을 듣고, 거친 땔나무 위에서 자며 복수를 다짐한 적도 있었다. 하지만 세월이 흘러 부차는 이 마음을 잊고 만다. 월나라와 싸워 이겨 항복을 받았지만 승리에 도취된 교만한 마음으로 원수를 갚고 화근을 제거할 절호의 기회를 놓치고 만 것이다. 뛰어난 장수는 전쟁터에서 망설이지 않고, 탁월한 리더는 평소에는 잘 눈에 띄지 않지만 결정적인 순간에는 과감하게 결단하고 사람들을 리드하는 법이다. 부차는 그것을 하지 못했기에 몇 년 후 힘을 기른 월나라에게 망해 목숨을 구걸하는 신세가 되었고, 결국 스스로 목숨을 끊는 비극에 처하고 말았다.

한신이 항우를 평가하면서 "항우는 용기는 있으되 필부의 용기이고, 인함이 있었으나 아녀자의 인자함(필부지용匹夫之勇, 부녀지인婦女之仁)'이다"라고 말했다. 부차 역시 이와 같았다. 힘겹게 전쟁에 이겨 패왕의 자리에 올라설 기회를 잡았으나 작은 승리에 도취되었고, 아녀자의 인정에 치우쳐 결단을 내리지 못해 과오를 범하게 된 것이다.

문종은 이러한 부차의 마음을 잘 읽고 그가 받아들일 만한 제안을 했다. 첫째, 승리에 도취한 오왕의 교만한 마음을 더욱 자극하기 위해 그를 높이고 자신들을 비굴할 정도로 낮추었다.

둘째, 월왕의 항복을 받으면 월나라의 많은 보물을 얻을 수 있지만 거부하면 다 태워 없애버릴 것이므로 아무 것도 손에 넣을 수 없다고 욕심을 자극했다.

셋째, 월왕은 이미 재기불능의 상태이므로 항복을 받아들이면 그를 종으로 삼아 부릴 수 있지만 거부하게 되면 남은 5천 명의 군사와 함께 목숨을 걸고 덤비는 그와 더불어 싸워야 한다고 압박했다.

문종은 비굴할 정도로 겸손한 말 속에 이런 뜻을 담아서 오왕의 마음을 움직였고 결국 자신의 목적을 달성하게 된다. 《한비자》에서는 유세의 어려움을 "상대의 마음을 헤아려 내가 말하고자 하는 바를 그에게 맞추기 어렵기 때문이다"라고 말한다. 문종은 오왕의 승리에 도취된 우쭐한 마음, 명예를 탐하는 마음, 재물을 얻고자 하는 마음, 그만하면 됐다고 하는 게으른 마음을 건드려 불가능한 상황에서 좋은 결과를 이끌어내었다.

《전국책》에는 다음의 이야기가 나온다.

연나라 왕의 노여움을 받아 도망을 가던 장축이 국경의 경비대에 붙잡히자 이렇게 말한다. "연왕이 나를 죽이고자 하는 것은 내가 가진 보물을 뺏고자 함이다. 하지만 나는 이미 그 보물을 잃어버렸고, 지금 가지고 있지 않다. 만약 그대가 나를 연왕에게 보내면 나는 그대가 내 보물을 빼앗아 삼켜버렸다고 할 것이다. 그러면 연왕은 당신의 배를 열어볼 것이다. 탐욕이 끝이 없는 임금에게는 아무리 이득으로 설득하려 해도 소용이 없다. 어떻게 할 것인가?"

한 마디 말에 생명이 왔다 갔다 하는 상황에서 어떻게 그 위기를 벗어날 것인가? 물론 그런 상황에 처하지 않는 것이 가장 바람직하지만 인생사라는 것이 어디 그런가? 내 뜻과는 달리 최악의 상황에 처하기도 하는 것이다. 위기의 순간에 결정권을 쥐고 있는 상대를 차근차근 논리적으로 설득하는 것은 불가능하다. 상대가 들으려 하지 않기 때문이다. 이때는 결정적으로 상대가 옴짝달싹할 수 없는 비장의 한 마디를 던질 수 있어야 한다. 아무리 어려운 상황에서도 상대의 마음을 정확하게 읽고 제대로만 접근할 수 있으면 원하는 것을 얻어낼 수 있다.

# 잘못을 간언하지 않는 것도 잘못이다

고료가 안자와 교분하며 친분을 쌓고 있었는데 어느 날 안자로부터 파직을 당했다. 사람들이 안자에게 간언했다.

"고료가 선생을 모신 지 3년이 되었습니다. 그에게 벼슬자리도 주지 않고 축출하는 것은 의가 아닌 것 같습니다."

안자가 대답했다.

"나는 비천한 사람으로서 누군가로부터 지적을 받아야 바르게 될 수 있다. 고료는 3년이나 나를 따르면서도 일찍이 단 한 번도 나의 잘못을 지적하면서 보필한 적이 없었다. 그래서 나는 그를 축출한 것이다."

•《설원》•

안자는 춘추시대 제나라 경공을 비롯하여 세 명의 군주를 모셨던 명재상이다. 그는 모시던 군주의 잘못을 끊임없이 지적하고 간언을 했기 때문에 최고의 신하로 인정받을 수 있었다. 안자는 자신의 처신이 그랬기 때문에 자신을 모시던 고료가 단 한 번도 자신의 잘못을 지적하지 않은 것을 지적하고 있다. 윗사람을 모시면서 잘못을 간언하지 않은 것도 잘못이라는 것이다. 특히 자신이 군주에게 언제나 간언을 하며 모범을 보여주었는데도, 자신과 가까이 있는 고료가 그것을 배우지 않은 것을 용납할 수 없었는지도 모른다.

안자는 자신이 모시던 경공이 고료를 만나고 싶다고 했을 때에도 똑같은 대답을 한 적이 있다.

"제가 듣건대 땅을 위해 싸우는 자는 왕업을 이룰 수 없고, 녹을 위해 벼슬을 하는 자는 올바른 정치를 할 수 없다고 했습니다. 제가 고료와 더불어 오랫동안 형제처럼 지냈지만 그는 단 한 번도 저의 잘못을 지적해 결점을 고쳐준 적이 없습니다. 그는 그저 선비를 추천할 정도의 신하는 될 수 있지만 왕의 잘못을 지적하고 고칠 만한 인물은 되지 못합니다."

《여씨춘추》에는 '망국의 군주에게는 직언을 할 수 없다'고 실려 있다. 고집이 세고 자만심이 강한 군주는 부하들의 말을 듣지 않는다는 말이다. 그래서 그가 다스리는 나라는 곧 망하고 만다. 오나라 왕 부차가 그랬고, 항우 역시 마찬가지였다. 상대보다 훨씬 더 강력한 군사력과 훌륭한 신하가 있었지만 충직한 신하들의 간언을 듣지 않아 망하고 말았던 것이다.

한편 공자도 조간자를 모시던 윤작과 사궐 두 사람의 신하를 평가하면서 "많은 사람 앞에서 조간자의 잘못을 지적하며 아첨이 없는 윤작이 군자다"라고 말했다. 조간자에게는 악악지신諤諤之臣이라는 별명을 지닌 주사라는 신하도 있었다. 악악지신이란 왕의 잘못에 대하여 목숨을 걸고 간언을 하는 신하라는 뜻이다. 주사는 왕의 일거수일투족을 보면서 왕의 잘못을 기록했는데 얼마 후 그가 죽고 말았다. 그러자 조간자는 울음을 터트리며 이렇게 말했다.

"양의 부드러운 가죽 천 장이 여우의 겨드랑이 털 하나만 못하고, 옳소, 옳소 소리만 할 줄 아는 수많은 신하들이 단 한 명의 악악지신만 못하다고 합니다. 지금 주사가 죽은 후 아직까지 단 한 명도 내 잘못을 들춰 이야기하는 것을 보지 못했으니 내가 망할 날이 얼마 남지 않은 것 같소."

이상의 이야기들을 짚어보면 자신이 모시는 상사에 대해 듣기 좋은 소리만 하고 그 잘못을 지적해 고치지 않는 것 역시 잘못이라는 것을 알 수 있다. 적극적으로 개진하여 고치지 않고 소극적으로 대처해서도 안 된다. 물론 지도자가 자만심이 지나쳐 부하의 말을 경청하지 않는 것도 잘못이다. 하지만 그렇다고 해서 부하들까지 지도자의 잘못을 지적하지 않고 손을 놓고 있다면 그 조직은 곧 무너지고 만다. 군주가 고집스럽게 간언을 듣지 않으려고 해도 현명한 신하는 어떤 방식이든지 방법을 찾아서 간언을 한다. '삼년불비三年不飛'의 오거가 그랬고, 자신이 함락시킨 진나라의 수도 함양에 안주하려는 유방의 고집을 꺾은 번쾌와 장량 역시 그랬다.

제나라 환공은 자신의 능력은 부족했지만 관중의 능력을 인정하고 그의 말을 경청했기 때문에 패왕이 될 수 있었다. 유방 역시 뛰어난 부하들의 충언을 받아들였기 때문에 항우에 비해 부족한 점이 많았지만 천하통일을 이룰 수 있었다.

리더의 잘못을 보면서도 눈치만 보고 가만히 있는 것은 뛰어난 리더에게는 통하지 않는다. 물론 리더의 잘못을 지적하는 것은 누구에게나 어려운 일이다. 하지만 당장 두렵다고 해서 하지 않으면 안 된다. 두려운 것과 꼭 해야 할 일은 분명히 구분되어야 한다. 군주의 성품과 상황에 맞춰 지혜롭게 간언할 수 있는 사람이 인정받을 수 있다.

# 침묵으로
# 대답하다

조양자가 공자에게 물었다.

"선생께서는 몸을 굽혀 직접 만나본 군주가 무려 70명에 이르지만 여지껏 쓰임을 받지 못했습니다. 이것은 세상에 명군이 없는 까닭입니까, 아니면 선생의 도가 꽉 막힌 것입니까?"

공자가 대답하지 않았다.

이후 조양자가 이 일에 대해 공자의 제자 자로에게 물었다.

"일찍이 당신의 스승에게 도를 물었지만 대답하지 않았소. 알면서도 말을 안 했으면 감추는 것인데, 그랬다면 어질다고 할 수 없을 것이요. 만약 몰라서 대답하지 못했다면 그를 성인이라고 할 수 있을까요?"

자로가 대답했다. "천하에서 제일 좋은 종이 있다고 합시다. 만약 이 종을 막대기로 친다면 좋은 소리가 나겠습니까? 혹시 귀하가 했던 질문이 이런 질문은 아니었는지요?"

• 《설원》•

조나라의 군주 조양자는 공자에게 제대로 예를 갖추지 못한 질문을 했다고 볼 수 있다. 그는 이미 자신이 결론을 내린 상태에서 공자에게 질문을 함으로써 공자가 답변을 할 필요조차 느끼지 못하게 만들었다. 질문 같지 않은 질문에는 군자가 대답할 필요가 없다고 공자는 생각했을 것이다. 하지만 조양자는 공자가 아무 말도 하지 않는 것을 보고 내심 의기양양했다. 통쾌하게 생각했는지도 모른다.

이 일이 있을 후 그는 "천하의 공자를 아무 말도 하지 못하게 만들었다!"고 하며 여기저기 떠벌이고 다녔을 것이다. 아니, 분명히 만나는 사람마다 자랑했을 것이 틀림없다. 그러니까 자로를 만났을 때도 거침없이 그 때의 이야기를 하며 물었을 것이다.

공자가 수많은 군주를 만났지만 제대로 쓰임을 받지 못했던 것은 서로의 추구하는 바가 달랐기 때문이다. 공자는 '인의'와 '도덕'으로 다스려지는 천하를 꿈꾸었지만 군주들은 무력으로 나라를 빼앗아 천하의 패왕이 되는 것에만 관심이 있었기에 공자의 말이 그들에게는 그야말로 꿈을 꾸는 것 같은 허황된 말이었던 것이다. 한마디로 이야기하면 차원이 서로 달랐다고 할 수 있다.

조양자는 바로 이런 관점에서 질문을 하고 있다. 수많은 왕을 만났지만 그들 중 누구에게도 쓰임을 받지 못했다면 공자의 도에 문제가 있는 것이 아닌가, 하는 질문인 것이다. 70명에 이르는 군주가 모두 우둔한 군주는 아닐 텐데, 이들 중 누구에게도 쓰임을 받지 못한 공자에게 문제가 있다는 답을 조양자는 이미 내렸던 것이다.

조양자는 어떤 면에서 보나 공자와는 비교될 수조차 없는 사람이다. 철학적인 깊이는 물론 통치의 철학에서도 공자와는 격이 다르다. 질문에서도 공자를 얕잡아보려는 의도가 뻔히 보인다. 공자는 조양자의 질문의 의도를 파악하고 아무런 대답도 하지 않는다. 자신의 도를 폄하할 불순한 의도를 가지고 하는 질문에 대답할 가치조차 느끼지 못했을 것이다.

하지만 얼마 후 공자의 제자 자로는 조양자의 그 질문을 듣고 바로 대답을 했다. 공자는 아무 가치 없는 질문에 대답할 필요조차 느끼지 못했지만, 다혈질인 자로는 도저히 참기 어려웠을 것이다. 자로는 질문을 하는 조양자의 의도를 짐작해 한 마디로 대답했다.

"천하제일의 종에서 가장 아름다운 종소리를 듣기 위해서는 그에 걸맞은 훌륭한 당목(종 치는 나무)이 있어야 하는 법이다. 되지도 않은 작대기 나부랭이를 들고 종을 두드려 봐야 '팅, 팅' 하는 소리밖에 들을 수 없는 것이다."

자로는 공자를 종으로, 조양자를 작대기로 비유했다. 천하의 가장 훌륭한 종이라고 할 수 있는 공자에게 길거리에 굴러다니는 막대기를 들고 치려고 했으니 어떻게 좋은 소리를 기대할 수 있느냐는 말이다. 이 고사를 보면 자로가 거친 한량에서 공자의 훌륭한 제자로 거듭난 것을 알 수 있다. 상황을 읽는 통찰력과 그 상황을 멋지게 비유로 표현하는 능력이 이미 수준에 오른 것을 우리는 짐작할 수 있다.

질문은 우리가 하는 대화의 많은 부분들을 차지하고 있다. 질문과 대답을 통해 우리는 대화를 이어가는 것이다. 대화를 하다 보면 다양한 질문을 받게 되고 그 질문 중에는 악의적인 질문도 있을 수 있다. 특히 위의 고사에서 조양자가 했던 질문처럼 정상적으로 대답을 할 수 없는 질문도 있다. 이런 질문에 논리적으로 대답을 하려 해서는 공연히 언쟁으로 발전하기가 쉽다. 이럴 때는 차라리 침묵이 더 좋을 수도 있다. 공자처럼 '당신의 질문은 대답할 가치가 없다'는 뜻을 전달하는 것이다. 한편 자로처럼 꼭 대답을 해야 하는 상황이라면 상대를 완전히 제압하도록 핵심을 찌르는 한 마디를 할 수 있어야 한다. 더 이상 대답할 엄두를 낼 수 없도록 말문을 막아버려야 하는 것이다.

# 군자는 자신이 맡은 바에서
# 벗어나지 않는다

효문제孝文帝가 우승상 주발에게 물었다.

"온 나라를 통틀어 처리하는 소송 건이 얼마나 되오?"

"알지 못하겠습니다." 주발이 사죄하며 말했다.

문제가 또 물었다.

"우리나라의 한 해 돈과 곡식의 수입·지출은 얼마나 되오?"

주발은 땀을 흘리며 모른다고 사죄하며 부끄러워했다.

효문제가 좌승상 진평에게 같은 것을 물었고 진평이 대답했다.

"그 일은 주관하는 자가 각각 있습니다. 황제께서 소송 사건을 알고 싶으시면 정위廷尉에게 물으시면 되시고, 나라의 살림은 치속내사治粟內史에게 물으시면 됩니다."

그러자 효문제는 "저마다 주관하는 자가 있다면 그대가 하는 일은 무엇이요?"라고 물었고, 진평이 대답했다.

"저는 재상으로서 위로는 천자를 보좌하고 아래로는 음양의 이치에 맞게 만물이 제때에 자라도록 힘을 씁니다. 밖으로는

> 사방의 오랑캐와 제후들을 다스려 평안하게 하고, 안으로는 백성들이 황실에 의지할 수 있도록 어루만져 주고, 관리들을 감독하여 각기 자기의 맡은 바 임무를 다하게 하는 것입니다."

● 《사기》 세가 ●

　진평과 주발은 여태후가 죽은 후 여 씨들의 반란을 진압하고 효문제를 추대했던 공신들이다.
　특히 진평은 유방으로부터도 신임을 받아 항우와의 전투에서 큰 공을 세우기도 했다. 호유현 사람으로 처음에는 위나라 왕을 섬겼으나 다른 사람의 모함을 받아 항우에게로 의탁했다. 하지만 여기서도 항우로부터 생명의 위협을 받아 유방에게 갔고 다른 신하들의 모함에도 불구하고 유방의 신임을 받아 크게 쓰임을 받게 되었다. 이러한 신임이 있었기에 그는 유방이 황제가 된 후 발생했던 한신의 난을 평정할 때 큰 공을 세웠고 한나라가 안정을 찾는 데 크게 기여할 수 있었던 것이다.
　그는 이처럼 탁월한 책략가였지만 군신의 도에 있어서도 분명한 식견을 가지고 있었다. 그는 효문제의 소소한 질문에 당황하지 않고 그것은 재상이 할 일이 아니라 그 일을 맡아서 하는 관리가 따로 있다고 말해 효문제의 칭찬을 받게 된다. 그에 앞서 우승상 주발은 황제의 질문에 모두 대답해야 한다고 생각했다. 그래서 자신의 일이 아닌데도 황제의 질문에 대답을 못하자 땀을 흘리며 부끄러워했던 것이다.

우리가 조직 생활을 하면서 크게 착각을 하는 일이 있다. 고위직으로 올라갈수록 모든 일을 잘 알고 있어야 하고, 윗사람의 물음에 모든 것을 다 대답할 수 있어야 유능하다고 생각하는 것이다. 이것은 질문을 하는 윗사람도 마찬가지다. 자신의 부하가 맡고 있는 일뿐 아니라 어떤 질문에도 척척 대답할 수 있어야 유능하다고 생각하고, 제대로 대답하지 못하면 무능하다고 생각한다. 일을 제대로 하지 않고 있다고 생각하는 것이다.

《서경》에는 "한 사람에게 완벽함을 요구하지 마라"고 실려 있다. 그리고 《논어》에서는 "군자는 자신이 맡은 바에서 벗어나지 않는다"고 한다. "그 지위에 있지 않으면 그 일을 도모해서는 안 된다"는 말도 있다. "군자는 처해 있는 자리에 따라 할 일을 행할 뿐, 그 밖의 일은 욕심내지 않는다"는 《중용》의 말도 있다. 이들 고전은 모두 모든 것을 다 아는 사람이 아니라 자신의 본분에 충실하고 주위의 일을 기웃거리지 않는 사람이 바람직하다고 말하고 있다.

설사 윗사람으로부터 내가 맡고 있는 일이 아닌 것에 관한 질문을 받는다 해도 어떻게든 대답을 하겠다고 무리한 임기응변을 해서는 안 된다. 잘못된 보고로 오히려 문제를 키우고 결정적으로 신임을 잃는 일들이 놀랍도록 빈번하게 일어나고 있다. 내 주관이 아닐 경우 그 일을 맡아서 하는 사람을 분명하게 지목하여 보고하고, 내가 할 일에 대해서 질문을 받을 때는 정확하게 대답할 수 있어야 한다.

그 자리를 물러나온 우승상 주발은 진평을 나무라며 말했다.

"왜 그대는 평소에 대답하는 법을 나에게 일러주지 않았소?"

진평이 웃으며 말했다.

"그대는 그 자리에 있으면서 자신이 해야 할 일을 모르는 것이요? 만약 폐하께서 장안의 도적의 수를 물었다면 어떻게 대답하려고 했소?"

# 다른 곳을 두드려
# 깨닫게 한다

제 경공의 말이 병들어 죽자 경공이 노하여 말을 관리하는 관리를 죽이려고 했다. 그러자 안자가 나섰다.

"이 자는 자신이 무슨 죄를 저질렀는지도 모르고 죽는 것이니, 제가 왕을 위해 따져 그가 스스로 자신의 죄를 깨닫도록 하겠습니다."

왕이 허락하자 안자가 말했다.

"너의 죄는 세 가지다. 왕의 말을 기르는 임무를 지키지 못한 것이 첫 번째 죄다. 또 왕이 가장 아끼는 말을 죽게 한 것이 두 번째 죄다. 말 한 마리 때문에 왕으로 하여금 사람을 죽이게 했으니 백성들은 반드시 왕을 원망할 것이고, 이웃나라에서는 왕의 위엄이 떨어지게 될 것이니 이것이 세 번째 죄다."

• 《안자춘추》 •

 이 말을 들은 왕은 스스로 자신의 문제를 깨닫고 그 신하를 풀어주도록 명했다.

 안영(안자의 이름)은 춘추시대에 관중과 더불어 가장 뛰어난 재상 중의 한 사람으로 꼽힌다. 춘추시대 말기에 제나라에서 세 명의 군주를 섬기면서 그들을 훌륭하게 보필했던 인물이다.

 《사기》를 쓴 사마천은 "만약 안자가 지금 다시 있다면, 나는 비록 채찍을 잡는 일을 하더라도 기쁜 마음으로 그를 섬기겠다"라고 칭찬했다. 극한의 고난 속에서 《사기》를 썼던 사마천은 엄정한 역사가로서의 인식을 가지고 있어, 사람에 대한 평가도 보통 신랄한 것이 아니었다. 이러한 사마천으로부터 위와 같은 말을 들은 것은 그야말로 최고의 극찬이라고 할 수 있을 것이다.

 안자는 그 인품과 신하로서의 역량도 탁월했지만 상대를 설득하는 말재주 역시 도저히 보통 사람들이 따를 수 없는 수준이었다. 단순히 입에서 나오는 말솜씨가 아니라 사람을 사랑하는 인의의 정신, 왕을 바른길로 이끌려는 충의의 정신, 그리고 내면을 가득 채우고 있는 지식에 바탕을 둔 깊이 있는 말이었기에 사람들을 설득하고 마음을 휘어잡는 데 남다른 능력을 발휘할 수 있었다.

 위의 고사에서 안자는 잘못을 저질러 죽게 된 하급관리를 살리고,

일시적인 분 때문에 그 하급관리를 죽여 자신의 명예와 위엄을 추락시킬 뻔했던 왕을 지키고 있다. 왕을 직접 설득하기보다는 잘못을 저지른 관리를 꾸짖으면서 왕이 스스로 깨달을 수 있도록 한 것이다. 군주는 누구라도 위와 같은 잘못된 판단을 내릴 수 있다. 가지고 있는 권력이 너무나 막강하기 때문에 자신의 기분과 감정에 좌우되어 정당하지 못한 판단을 내릴 때가 있다. 하지만 이런 잘못이 거듭되면 폭군으로 인식되어 결국 백성의 마음도 떠나고 만다.

이런 군주의 잘못된 판단을 바로잡는 것이 바로 그 밑의 재상이 해야 하는 역할이다. 군주의 눈치만 보며 잘못을 바로잡지 못하면 결국 군주를 망치게 되고 자신도, 나라도 망하고 만다. 또한 군주를 설득하는 방법 역시 지혜로워야 한다. 만약 안자가 군주의 올바른 자세와 치세의 도를 내세우면서 왕을 설득했다면 본의 아니게 왕의 권위를 훼손하게 되었을 것이다. 하지만 안자는 다른 곳을 두드려 군주가 스스로 깨닫게 했다. 왕의 권위를 살리면서도 의도했던 결과를 만든 것이다.

《귀곡자》의 내건편을 보면 '군주를 설득할 때는 도덕과 인의, 예악禮樂, 충신忠信, 계모計謀의 순으로 진언하라'는 말이 실려 있다. 안자는 왕을 설득하면서 이와 같은 순서로 진언하여 왕의 마음을 움직이고 있다. 순간적으로 화가 나서 신하를 죽이려 했지만, 그 행동이 도덕과 인의는 물론 예에도 어긋난다는 것을 스스로 깨닫게 하여 철회

토록 한 것이다.

　사람들은 누구라도 판단을 잘못하여 순간적으로 감정을 주체하지 못할 때가 있다. 특히 회사나 큰 조직을 이끄는 리더의 실책은 두고 두고 큰 문제를 일으킬 수도 있다. 그 상황을 지켜보는 부하라면 그 자리에서 상사의 잘못을 바로잡을 의무가 있다. 상사의 잘못을 보고도 그의 심기를 그르칠까 두려워 방관한다면 그는 제대로 된 부하라고 할 수 없고 장기적으로 상사로부터 인정을 받지도 못하게 된다.

　리더의 잘못을 본다면 그것을 바로잡는 지혜와 용기가 필요하다. 만약 직접적으로 말하기 곤란한 상황이라면 다른 곳을 쳐서 설득하는 순발력과 재치도 역시 필요하다. 상사 역시 부하들의 잘못을 보고 견책을 할 때 그것이 공정한지를 생각해야 한다. 혹시 자신의 개인적인 감정이 개입한 것은 아닌지, 그 벌이 공정하고 누구나 인정할 수 있는지를 항상 염두에 두어야 한다. 사람을 움직이는 가장 큰 힘은 바로 '신상필벌信賞必罰'라고 한다. 하지만 그 '신상필벌'이 제대로 효과를 발휘하려면 그것이 누구나 인정할 정도로 공정해야 하는 것이다.

# 제9편 선행후언 先行後言

: 먼저 실천하고 그 다음에 말하라

先　行　後　言
먼저 실천하고
그 다음에 말하라

## 부하를 친구이자 스승으로 모셔라

주문왕이 숭나라를 치고 봉황의 언덕에 이르렀을 때 신발 끈이 풀어지자 직접 허리를 굽혀 끈을 묶었다. 태공망 여상(강태공)이 물었다.

"폐하, 시킬 신하가 없습니까?"

주문왕이 대답했다.

"최고의 군주 밑에 있는 신하는 모두 스승이요, 중간의 군주 밑에 있는 신하는 모두 친구이요, 하급 군주 밑에 있는 신하는 모두 시종입니다. 지금 이곳에 있는 신하들은 모두 선왕 때부터 있던 신하들이므로 이 일을 시킬 사람이 없소."

• 《한비자》•

주문왕은 오랜 세월 동안 낚시로 세월을 낚으며 때를 기다리던 강태공을 알아보고 중용한 사람이다. 그런 안목이 있었기에 강태공의 도움을 받아 은나라를 무너뜨리고 중국 통일의 역사를 만들 수 있었다.

지도자의 능력 중에서 가장 중요한 것이 뛰어난 사람을 찾아 발탁하고, 그의 마음을 사로잡아 능력을 발휘하도록 하는 것이다. 우리는 위의 장면에서 주문왕의 뛰어난 용인술을 알 수 있다. 그는 풀어진 신발 끈을 손수 묶고, 그 이유를 간략하게 설명함으로써 강태공은 물론 모든 신하들의 마음을 한번에 사로잡을 수 있었다. 그 말이 겉으로 꾸며서 하는 말이 아니라 진정성을 담고 있기에 신하들은 이 말을 듣고 마음속 깊이 감동을 받았을 것이고, 왕을 위해 목숨을 바쳐도 아깝지 않은 충신들이 될 수 있었을 것이다.

앞서 언급했던 삼국지의 고사도 마찬가지 이야기다. 조자룡이 유비의 아들을 구해오자 유비가 자신의 아들을 팽개치면서 "이런 하찮은 아들 때문에 귀한 장수를 잃을 뻔하지 않았는가?"라고 외쳤던 장면이다. 이 장면을 보면서 우리는 전쟁터에서 자신의 아들보다 훌륭한 장수를 더 소중히 여기는 유비의 대의명분을 보고 감동한다. 하지만 정말 우리가 배워야 할 것은 바로 부하의 마음을 움직이는 리더의 행동이다. 단 한 마디의 말, 단 하나의 행동이 목숨을 바쳐 충성하는 수많은 부하들을 만들 수 있는 것이다.

그리 오래 되지 않은 시절, 우리를 놀라게 했던 다음의 사례를 보자. 오래전 우리나라 한보그룹의 회장은 자신을 모시던 부하직원들을 '종'이라고 불렀다. 그것도 자신을 측근에서 모시는 최고위급 인사였으니 그 밑의 많은 직원들을 보는 그의 시각은 어땠겠는가? 종의 차원을 넘어 하나의 도구로 인식하였을 거라는 사실을 어렵지 않게 짐작할 수 있다. 이것이 바로 하급 지도자의 인식이었고, 결국 한보그룹은 망하고 말았다. 자신은 물론 자신의 기업만 망한 것이 아니라 수많은 실업자를 양산하고, 국가적으로도 엄청난 손해를 입혔던 것이다.

진정한 리더는 부하들을 친구이자 스승으로 모시는 사람이다. 그래야 위기의 순간이 닥쳤을 때 그들은 온 힘을 다해 조직을 지키려 하고, 자신의 리더를 위해 최선을 다하게 된다. 현존하는 최고의 경영전략가로 꼽히는 게리 해멀은 자신의 책《지금 중요한 것은 무엇인가》에서 상사는 자신의 직원들을 어린 시절 친구로 생각해야 한다고 말했다. 친구를 믿고 친구의 길을 열어주기 위해 최선을 다해야 하고, 절대로 자원으로 취급해서는 안 된다는 것이다.

교만함은 사람을 망하게 하지만 특히 지도자들에게는 더욱 그렇다. 겸손함을 잃은 지도자는 아무리 능력이 있어도 하급 지도자에

불과하다. 최고의 지도자는 겸손하다. 그 존재조차 잘 모르는 경우가 많다. 그래서 《도덕경》에서는 "강대한 것은 낮은 곳으로 임하고 부드럽고 약한 것이 높은 곳으로 임한다"고 말하는 것이다. 하지만 위기의 순간이 닥치면 그는 표변한다. 강력한 리더십으로 사람들을 이끌어나간다.

주문왕은 강태공을 발탁하여 천하를 통일한 군주였다. 용맹하고 위대한 군주였지만 겸손한 마음과 함께 부하의 마음을 휘어잡을 수 있는 말솜씨도 지니고 있었다. 때와 상황에 맞는 촌철살인의 한 마디, 이 한 마디가 사람의 마음을 녹이고 평생 충성을 맹세하게 만든다. 그리고 말에 앞서서 솔선수범하는 행동, 이것이 말의 힘을 백 배, 천 배로 만드는 강력한 힘이 되는 것이다.

# 말보다는
# 쇼를 하라

주문왕을 도와 천하를 통일한 강태공은 제나라 왕에 봉해졌다. 하루는 마차를 타고 가는데 갑자기 소리를 지르며 앞을 가로막는 여자가 있어 유심히 보니 오래 전에 집을 나갔던 아내 마 씨였다.
"여보, 여보. 내가 잘못했소. 이제 돌아왔으니 함께 삽시다."
그러자 강태공은 신하를 시켜 물을 길어오게 했다. 물을 땅에 쏟아버린 그는 마 씨에게 이렇게 말했다.
"한 번 엎지른 물은 다시 주워 담을 수 없고, 한 번 떠난 아내는 다시 돌아올 수 없다."

• 《사기》 세가, 《습유기》 •

태공은 본명이 강상㚾尙으로 그의 선조가 여나라에 의해 봉해졌으므로 여상呂尙으로도 불린다. 그는 위수에서 낚시를 하다가 그를 찾아온 주나라 문왕을 만나게 된다. 문왕은 선군인 태공이 오랫동안 기다렸던 인물이라고 해 그를 태공망이라 불렀고, 우리에게 알려진 강태공이라는 이름은 여기서 유래한다.

그는 탁월한 병법과 전략으로 문왕을 도와 주나라의 천하통일을 이룬 대단한 인물이었고, 후에 그 공을 인정받아 제나라의 제후로 봉해져 제나라 시조가 된다. 그가 쓴 병법서인 《육도삼략》은 중국 최초의 병법서로 알려져 있으며 삼국시대 제갈량도 그것을 보고 병법을 배웠다고 전해진다.

이상으로 보면 강태공은 참으로 대단한 인물이라고 하지 않을 수 없다. 천하를 통일하고 제나라의 초대 제후가 되어 춘추전국시대 패권국으로서의 기초를 닦았다. 중국 역사상 최고의 병법서를 집필해 문, 무, 정을 완비한 거의 완벽한 인물이라고 할 수 있다. 하지만 위의 고사를 보면 참으로 인정머리 없는 인물로 보인다. '마태효과', 즉 승자독식의 역사에서 사람들은 강태공을 떠난 마 씨 부인을 '가난할 때 남편을 떠나버린 악처' 혹은 '인물을 알아보지 못한 우둔한 사람' 등으로 부르며 폄하하지만, 그녀가 남편을 떠난 것은 충분한 이유가 있었다. 강태공은 오랜 세월 가난에 시달리면서도 오직 책만 읽을 뿐 제대로 가정사를 돌보지 않은 무책임한 남편이었다.

마 씨 부인은 결국 가난을 참지 못해 강태공을 떠났지만, 계속 가난에 시달리다가 강태공이 제후가 된 다음 돌아오게 된다. 물론 좀 얄팍한 모습이기는 하지만 어느 누군들 돌아오고 싶은 마음이 들지 않겠는가? 하지만 강태공은 이런 마 씨 부인의 꿈을 확실히 깨게 만든다. 더 이상 미련을 갖지 않도록 만든 것이다.

물론 여기서 강태공의 인간됨에 대해 말하려는 것은 아니다. 여기서 우리가 배울 것은 강태공의 인간성이 아니라 효과적으로 말하는 법이다. 말은 강력한 힘이 있다. 특히 말이 행동과 합쳐질 때 엄청나게 큰 힘을 발휘한다. 강태공은 마 씨의 눈앞에서 물을 쏟아버리는 행동을 통해 '도저히 당신과 나는 합쳐질 수 없다'는 뜻을 가장 확실하게 전달했다. 이는 '복수불반분覆水不返盆'이라는 고사성어를 탄생시킨 고사로써 우리가 흔히 말하는 '있을 때 잘해!'라는 말을 가장 현실감 있게 보여주는 사례가 아닐 수 없다. 단순히 말로 하는 것보다 행동을 통해 가장 확실하게 자신의 생각과 의지를 보여준 것이다.

우리는 말을 할 때 자연스럽게 몸을 움직여 내가 하고자 하는 말이 더 잘 전달될 수 있도록 한다. 그러한 제스처는 대화에서뿐 아니라 무대에서도 큰 힘을 발휘한다. 듣는 사람들의 관심을 끌고 일체감을 갖게 하는 역할도 하고, 내가 강조하는 바에 관심을 갖도록 하는 역할도 한다. 그리고 만약 관객들이 지루해 한다면 그들의 주의를 환기시키는 데도 제스처는 유용하게 쓰일 수 있다.

오늘날 무대 위에서 가장 제스처를 잘 활용하는 사람은 오바마 미국 대통령과 얼마 전에 타개한 스티브 잡스라고 할 수 있다. 오바마 대통령은 힘이 있는 연설 못지않게 단호하게 손을 내뻗는 등의 다양한 제스처로써 청중들의 시선을 끌어오는 데도 탁월한 능력을 발휘한다. 단순히 말뿐만 아니라 온 몸을 통해 호소함으로써 사람들의 감성을 휘어잡는 것이다.

이에 비해 프레젠테이션의 귀재로 불리는 스티브 잡스의 제스처는 쇼에 가깝다. 그는 두 손을 모으거나, 팔을 벌리거나, 턱을 괴는 철저히 계산된 제스처로 사람들을 집중하게 만들었다. 그리고 결정적인 순간 사람들의 예상을 깨는 극적인 반전을 통해 사람들을 강렬하게 휘어잡았다.

오늘날은 쇼의 시대다. 시각은 때로 청각보다 강력하여 눈앞에 보이는 절묘한 연출이 백 마디 말을 뛰어넘는다.

# 작은 징조도
# 허투루 보지 않는 통찰

고대의 소국 복고(復睾)의 군주가 제나라를 방문하자 환공이 그에게 나라를 어떻게 다스리느냐고 물었다. 복고의 군주는 대답을 하지 않고 몸짓을 했다.

먼저 자기 입술을 만졌고, 그 다음에 옷깃을 여미고 가슴을 한참 누르고 있었다.

환공이 다시 물었다.

"달고 고통스럽고 춥고 배고픈 것을 백성과 함께합니까?"

그러자 그가 대답했다.

"우리 백성은 나를 성인으로 알고 있기 때문에 말로 하지 않아도 알아듣습니다."

환공은 그에게 2천금을 하사했다.

•《설원》•

말로 하지 않아도 알아들은 것은 비언어적인 의사소통이라고 할 수 있다. 상대의 몸짓이나 표정, 그리고 행동을 통해 상대의 마음을 아는 것이다. 하지만 환공이 복고의 군주가 하는 몸짓을 읽은 것은 단순히 비언어적인 의사소통이라기보다는 상대의 마음을 읽는 통찰력의 수준이라고 볼 수 있다. 통찰이란 '표면 아래에 있는 진실을 볼 수 있는 능력'으로, 이 능력이 있는 사람은 굳이 말하지 않아도 다른 사람이 의도하는 바를 알 수 있다. 복고의 군주는 이러한 말하지 않는 의사소통을 통해 자신의 생각을 환공에게 전했고, 환공은 자신이 가진 통찰력으로 그의 의도를 읽을 수 있었던 것이다.

복고의 군주는 환공이 묻는 말에는 말로 대답하기보다 행동으로 보여주는 것이 훨씬 더 정확하고 많은 뜻을 전달할 수 있을 거라고 생각했는지도 모른다. 따라서 그는 행동을 통해 자신이 하고자 하는 말을 전달했고, 자신의 백성들로부터 자신이 존경받고 있는 군주라는 사실 또한 전할 수 있었다. 구구절절이 말로 하는 것보다 단 한 번의 행동으로 이 모든 뜻을 전달했던 것이다.

《여씨춘추》에서는 이러한 통찰을 '관찰하는 힘'이라고 설명했다. 통찰력이 있는 사람들은 사물이나 사람들의 기미와 징조를 유심히 관찰하여 보통 사람이 볼 수 없는 것을 보고 앞날을 예견할 수 있다는 것이다. 그리고 통찰력이 뛰어난 대표적인 인물 중의 하나로 노나라의 대부 후성자를 들고 있다.

후성자가 진나라로 사절을 가는 중에 위나라의 친구 우재곡신을 방문했다. 함께 술자리를 했지만 우재곡신은 아무런 말도 하지 않았고, 술자리가 파했을 때 역시 아무 말도 없이 후성자에게 보물인 벽옥을 건네주었다. 후성자는 사신의 일을 마치고 돌아갈 때 다음과 같이 예측했다.

"그가 술자리를 베푼 것은 나를 기쁘게 하려는 것이고, 음악을 듣고도 즐거워하지 않은 것은 그의 근심을 전해주기 위한 것이며, 보물을 나에게 쥐어준 것은 가족들의 뒤를 나에게 부탁한 것이다. 곧 위나라에 난리가 있을 것이다." 실제로 그 일 후 위나라에 난리가 있었고 우재곡신은 거기에 연루되어 목숨을 잃고 만다. 후성자는 즉시 말을 돌려 문상을 하고 그의 처자들을 이끌고 돌아오게 된다.

이 고사를 보면 후성자와 우재곡신 두 사람 사이에는 아무런 말도 오가지 않았지만 서로의 생각과 의도를 정확하게 읽고 예측했음을 알 수 있다. 공자는 이 고사를 듣고 "후성자의 지혜로움은 미세한 조짐을 알아 계책을 세울 정도이며 그의 인함은 재물을 맡기기에 모자람이 없다"고 칭찬했다.

위의 고사들에서 보면 사람들이 남다른 통찰력을 갖는 것은 바로 주위의 일들과 사람들을 허투루 보지 않고 세심하게 관찰하는 힘이다. 관찰하는 능력이 있는 사람은 굳이 상대가 말하지 않아도 그 의도를 알게 되고, 자신의 마음과 다른 말을 해도 진심을 읽을 수 있는 능력이 생긴다. 그리고 세상이 흘러가는 추세와 현상을 읽고 남들이 보지 못하는 남다른 것을 보게 되는 것이다.

    우리는 의사를 전달할 때 꼭 말을 통해야 한다고 알고 있다. 하지만 음성으로 하는 말보다 행동이 훨씬 더 많은 뜻을 전달할 때도 있다. 말문이 막혔을 때 가슴을 쿵쿵 친다거나, 답답한 심정을 나타내기 위해 발을 동동 구르는 것을 보면 우리는 그 사람의 마음을 훨씬 더 잘 알 수 있지 않은가. 물론 말 대신 행동으로 내 뜻을 전해야 하는 상황은 그리 많지는 않다. 하지만 적절한 상황에 적절한 행동으로 내 말을 뒷받침할 수 있으면 뛰어난 커뮤니케이션의 달인이 될 수 있을 것이다.

# 먼저 행동으로
# 보여라

증자의 아내가 시장에 갈 때 아들이 따라오면서 울자 달래며 말했다.

"집으로 돌아가면 시장에서 올 때 돼지를 잡아주마."

아들은 신이 나서 집으로 돌아갔고, 아내는 시장을 잘 보고 집으로 돌아왔다. 그러자 증자가 돼지를 잡으려고 했고, 아내가 말리며 말했다.

"아이를 달래려고 장난으로 했던 말인데 돼지를 잡다니요?"

증자가 대답했다.

"아이는 장난으로 말할 상대가 아니요. 아이는 아는 것이 없기 때문에 부모가 하는 대로 배우고 가르침을 받는데, 지금 아이를 속이면 아이에게 거짓말을 가르치는 것과 다름이 없소. 어미가 자식을 속이면 아이는 어미를 믿지 않게 되므로 올바른 가르침이 아니요."

• 《한비자》 •

할 말이 없어진 증자의 어머니가 입을 다물었고, 증자는 결국 돼지를 삶았다.

증자는 공자의 제자 중에서 크게 주목을 받지는 못했던 인물이고, 공자로부터 '아둔하다'는 말까지 들을 정도였다. 하지만 그는 타고난 성실성과 진실함으로 학문을 이루어 후세로부터 존경받고 있는 인물이다. 특히 그는 '효'를 강조했던 학풍으로《효경》을 지었고, 그 당시에도 효를 가르치고 실천했던 인물로 유명했다.

그의 효를 나타내는 두 가지 유명한 일화가 있다.

하나는 '증삼살인曾參殺人'이라는 고사로 증자의 어머니와 관련된 이야기이다. 물론 고사의 원래 뜻은 '아무리 터무니없는 이야기라고 해도 여러 사람이 되풀이해서 말하면 믿게 된다'는 의미를 담고 있다. 증자는 여기서 터무니없는 이야기의 주인공으로 등장하는데, '증자와 같이 덕과 인품이 훌륭한 사람이 살인을 했다'는 이야기도 되풀이해서 듣게 되면, 심지어 증자의 어머니조차 믿게 된다는 이야기다.

또 하나의 이야기는 증자의 아버지에 관한 고사이다. 증점이 아들 증삼(증자)을 심부름 보냈는데 돌아올 때가 지나도 돌아오지 않았다. 사람들이 걱정하며 "어디에 갇힌 것이 아닐까요?"라고 묻자 증점은 "그가 비록 어딘가에 갇혀 있다고 해도, 내가 멀쩡히 살아 있는데 갇힌 채로 있을 수 있겠는가?"라고 대답했다. 효자인 증삼은 아버지에게 돌아오지 않는 것은 불효이므로 어떤 일이 있어도 다시 돌아올 것이라는 확신이었다. 그만큼 아들 증삼의 효성에 대해 아버지가 믿고 있었다는 말이다.

이런 효와 덕행을 중요시하는 증자이기에 아들에게 가볍게 거짓으로 이야기하는 것은 도저히 용납할 수 없었던 것이다. 또한 아들이 엄마를 거짓말쟁이로 인식하게 되는 상황 역시 막아야겠다고 생각해서 결국 돼지를 삶은 것이다. 물론 이러한 증자의 모습을 보고 지나치게 고지식하고 융통성이 없다고 생각하는 시각도 있다. 하지만 증자는 그 자신이 부모를 모실 때 단 한 치의 오차도 없었고, 자신의 아들을 가르칠 때도 그대로 적용하는 확실한 언행일치의 사람이었기 때문에 융통성이 없다고 판단할 일은 아닐 것이다.

오늘날도 아이들은 부모의 말과 행동으로부터 가장 먼저 배운다. 하지만 대부분의 부모들은 언행일치라는 측면에서 부족한 점이 많다. 특히 평상시의 생활에서 더욱 그렇다. 만약 아이들에게 공부하는 자세를 가르친다면 먼저 자신이 공부하는 모습을 보여야 한다. 올바른 생활 태도를 가르치면서 자신의 생활은 불규칙하게 하고, 꾸준한 독서를 강조하면서 자신은 날마다 술을 마시고 텔레비전을 보면서 시간을 보낸다면 아이들에게 아무리 '시간을 아껴 쓰고 공부를 열심히 하라'고 말해도 통할 수 없다. 자신의 행동과 아이들을 가르칠 때의 말에 괴리가 있다면 아이들에게 진정한 가르침을 줄 수는 없다.

《논어》에는 "먼저 실천하고 그 다음에 말하라"는 공자의 가르침이 실려 있다. 제자인 자공이 은근히 자신의 말하기 능력을 뽐내며 군자의 자격을 묻자, 공자가 꾸짖음을 담아 가르친 말이다. '지행합일 知行合一'은 지식과 행동이 하나로 맞아야 한다는 양명학의 명제로 우리나라에서도 율곡 이이의 주장으로도 잘 알려져 있다. 그런데 공자는 지행합일의 단계를 넘어 먼저 행동하고 말을 하라고 한다. 그만큼 말은 쉽고 실천은 어렵다는 말이다.

# 소신대로
# 행동하다

제나라의 왕이 장자(齊子)(제나라의 공자)에게 명하여 한나라, 위나라와 더불어 초나라를 공격하게 했다. 그러자 초나라는 당멸(唐蔑)(초나라의 장수)에게 명하여 맞서게 했다.

군대가 서로 대치한 지 6개월이 지나도록 교전을 하지 않자 제나라 군주가 신하를 보내 장자에게 서둘러 싸우라고 명했다. 그러자 장자는 그 신하에게 이렇게 말했다.

"나를 죽이든지, 파직시키든지, 우리 가족을 모두 죽이든지 이 모든 일을 임금께서는 할 수 있습니다. 하지만 교전을 해서는 안 될 때 교전을 하라거나, 교전을 할 수 있지만 안 하는 것을 저에게 이래라저래라 할 수 없습니다."

◦《여씨춘추》◦

　전쟁터에서는 비록 왕의 명이라고 해도 장수는 그 명령에 따르지 않을 권한이 있다고 한다. 왕은 전쟁의 승패에 대해 장수에게 책임을 물을 수는 있지만, 전쟁의 작전에 대해서는 장수가 전권을 가지고 있는 것이다. 만약 직접 전쟁의 자리에 있지도 않고 상황도 제대로 알지 못하는 왕이 자신의 짐작만으로 이래라저래라 한다면 그 전쟁의 승패가 어떨지는 보지 않아도 뻔하다.

　장자는 이러한 자신의 소신을 분명하게 이야기하고 있다. 왕이 자신의 생사여탈권은 가지고 있지만 전쟁터에서 장수의 직분을 가진 자신의 권한은 분명히 지켜주어야 한다는 것을 비장하게 말하는 것이다. 결국 장자는 초나라 군대의 정보를 입수하여 적을 과감하게 공격함으로써 적의 장수도 죽이고 큰 승리를 거둘 수 있었다.

　전쟁에서 가장 큰 문제는 "장수가 우유부단하게 망설이는 것이다"라고 《오자》에는 기록되어 있다. 전쟁의 달인 오자는 76번의 전쟁에서 64번의 압도적인 승리를 거둔 것으로 유명한 명 전략가이자 장군이다. 남은 12번의 전쟁도 패한 것이 아니라 무승부였다고 하니 대단한 승률이라고 하지 않을 수 없다. 오자는 전장에서 장군의 결단이 그만큼 중요하다고 말하고 있는데, 그 결단은 누구의 말을 듣지 않고 장군이 혼자 내릴 수 있을 때 가능하다. 만약 왕이 이래라저래라 한다면 장군은 신속 담대한 결단을 내릴 수 없게 된다. 장수가 중요한 순간에 결단을 내리지 못하고 우물쭈물한다면 자신은 물론 부하들의 생명이 위태롭게 되고 결국 전쟁도 패하고 만다.

옛날의 전쟁은 모든 국력을 모아 나라의 존폐를 걸고 싸우는 것이다. 따라서 전쟁에 패한다는 것은 비단 장수와 군대의 문제가 아니라 나라까지 망하게 된다. 《손자병법》에 보면 손자가 오나라 왕 합려가 아끼는 두 명의 후처를 명령 불복종으로 처형하는 장면이 나온다. 바로 이런 것이다. 아무리 왕이 아끼는 후처라고 해도 군에 임해서는 왕의 반대에도 불구하고 죽일 수 있어야 군령이 설 수 있는 것이다. 합려는 손자에게 자신이 아끼는 후처를 죽이지 말라고 군령을 내리지만 손자는 이 역시 거절하고 만다. 자신이 군대를 지휘할 때는 아무리 군주라고 해도 자신에게 명령을 내릴 수는 없다는 것이다.

오늘날도 역시 중요한 순간에 지도자가 일일이 참견하거나 잘못된 판단으로 잘못된 명령을 내릴 때가 있다. 물론 오늘날은 전쟁보다는 비즈니스에서 이런 일이 많이 일어난다.

삼성그룹의 이건희 회장은 디자인을 강조하면서 최고경영자들이 신제품을 디자인할 때 자신의 의견을 밀어붙이는 것을 금지하며 이렇게 말했다고 한다. "젊은이들이 쓰는 제품을 만드는 데 오십 대의 경영자들이 의견을 고집한다면 그 결과가 좋을 수 없다."

젊은이들이 사용할 첨단 IT제품을 만들면서 경영자들이 자신의 생각만 내세운다면 제대로 된 제품 혁신이 일어날 수 없다. 디자인은 그것을 전공한 젊은 전문가들에게 맡기고 간섭하지 말라는 것이다. 하지만 현실에서는 그런 일이 비일비재하다.

만약 현장의 직원들이 이런 상황에 닥치게 되면 분명히 자신의 소신을 밝힐 수 있어야 한다. 자신이 현장을 잘 알고, 그 분야에 정통한 전문가라면, 그리고 확신이 있다면 과감하게 말할 수 있어야 하는 것이다. 조직의 리더이기에 충분한 예를 갖추되, 우유부단하여 조직 전체가 위기에 빠지는 결과를 만들어서는 안 되겠다.

# 제10편 일언천금 一言千金

: 사람을 살리는 말, 망하게 하는 말

一 言 千 金

사람을 살리는 말
망하게 하는 말

# 같은 말도
# 다르게 말하라

위문후가 잔치를 베풀어 대부들에게 자신을 솔직하게 평가해 보라고 했다.

모두가 문후의 마음에 들게 말하는 중에 임좌(공숙좌)의 차례가 되었다.

"임금님은 어리석은 군주입니다. 중산국의 왕에 임금님의 동생을 보내지 않고 아들을 보내셨으니 이것이 바로 어리석은 증좌입니다."

문후가 불쾌해 하자 임좌는 그 자리에서 물러날 수밖에 없었다.

그 다음 적황의 차례가 되자 적황이 말했다.

"임금님은 현명한 군주입니다. 제가 듣기로 군주가 현명하면 그 신하의 말도 정직하다고 합니다. 임좌의 말이 정직한 것을 보면 임금님이 현명하다는 것을 알 수 있습니다."

• 《여씨춘추》 •

위문후가 중산국의 왕을 임명하는 과정에 공을 세웠던 동생이 아닌 아들을 임명한 것은 잘못이었지만 아무도 그 말을 꺼내지 못했다. 하지만 임좌는 그 말을 직접적으로 거론했고, 심지어 임금을 어리석은 사람이라고까지 말했다. 임좌는 임금의 앞에서 직언을 할 정도의 충신이었지만, 막상 면전에서 자신을 비난하는 말을 들은 문후는 기분이 좋을 리 없었다. 위문후의 얼굴은 붉어졌고 분위기가 싸늘해지자 임좌는 그 자리를 물러설 수밖에 없었다.

이 때 싸늘한 분위기를 녹이고 문후의 마음을 풀어준 것은 적황의 한 마디였다. 하지만 적황은 앞서 말했던 임좌와 다른 뜻의 말을 한 것이 아니었다. 분명히 '동생이 아닌 아들을 왕으로 봉한 것이 잘못'이라는 임좌와 같은 뜻의 말을 했지만, 그것을 직접 거론하지 않았다. 그 대신 조금 전의 상황을 들어서 '임좌가 정직하게 임금의 잘못을 지적할 수 있었던 것은 임금이 현명하기 때문'이라는 사실을 먼저 이야기한 것이다.

실제로는 같은 뜻의 말이지만 상황을 뒤집어 밝은 쪽을 먼저 거론한 적황의 말에 문후의 기분은 급격히 좋아지게 되었다. 결국 임금의 마음이 풀어졌고, 자신에게 직언을 했던 임좌를 다시 찾게 된다. 그리고 문 앞에 있던 임좌가 다시 돌아오자 뛰어나가 맞아들였고,

죽을 때까지 임좌를 높이 받들 것을 다짐한다.

적황은 단 한 마디의 위력을 제대로 보여주고 있다. 한 마디의 말로 충신을 살렸고, 충신을 죽일 뻔한 군주의 마음을 돌이켜 다시 훌륭한 임금으로 돌아오게 했으며, 그것을 통해 나라도 보전할 수 있도록 만들었다. 하지만 자신이 하고 싶었던 이야기는 하나도 남김없이 분명히 전달했다. 임금의 마음을 어지럽혔던 말과 똑같은 의미의 말을 하면서도 조금 다르게 접근함으로써 결국 얼어붙은 상황을 부드럽게 녹였고 비극으로 끝날 뻔한 상황을 해피엔딩으로 만들었다. 임좌와 적황은 둘 다 충신이었지만 임좌는 곧고 강직한 반면 지혜롭지는 못했다. 하지만 적황은 재치 있는 말과 지혜로운 처신으로 충신도 살리고, 충신을 내칠 뻔한 임금 역시 제대로 보필하였다.

조직생활에서 상사에게 직언을 하는 것은 필요한 일이고 그것을 할 수 있는 것은 용기 있는 일이다. 하지만 그 상황과 방법이 중요하다. 예컨대 술자리는 쉽게 흥분하거나 이성적인 판단이 어려워질 수도 있는 자리이다. 아무리 옳고 바른 말이라고 해도 그 말을 순수하게 받아들이기 어려운 상황에서는 곤란하다. 상사에게 간언을 하거나 듣는 것은 가장 이성적인 상황에서 해야 하는 일이다. 감정적인 접근은 어떤 경우라도 좋지 못하다. 따라서 술자리에서 이런 상황을 만든 상사도 잘못이지만, 그 분위기를 읽지 못하고 함부로 말하거나 직언을 하는 것 역시 어리석은 일이다.

분위기가 얼어붙었을 때 그것을 반전시키는 한 마디는 정말 소중하다. 링컨이 "말은 힘이 있다"고 한 것은 바로 이런 경우를 두고 한 말이다. 하지만 그렇다고 해서 마음에 없는 말이나 틀린 말을 해서는 안 된다. 올바른 말을 하면서도 지혜롭게 말함으로써 상황을 반전시키는 능력이 필요하다.

"문장이 경지에 이르면 별다른 기발함이 있는 것이 아니라 다만 적절할 뿐이고, 인품이 경지에 이르면 별다른 특이함이 있는 것이 아니라 다만 자연스러울 뿐이다." 《채근담》에 실려 있는 말이다.

말도 마찬가지다. 말을 잘한다는 것은 남다른 것, 특이한 것이 아니다. 지나치게 남다른 것을 추구하다 보면 오히려 보편성을 잃고 복잡해지고 만다. 말을 잘하는 것은 상황에 맞는 말을 적절한 때에 할 수 있는 것이다. 거짓을 말하지 않고도 상대에게 거북한 이야기를 할 수 있고, 그것을 통해 상대가 기분을 상하는 것이 아니라 기쁘게 받아들일 수 있도록 하는 것이 진정한 말의 힘이고, 경지이다.

## 생명을 살리는 한 마디

초장왕이 여러 신하와 함께 잔치를 벌이고 있었다. 갑자기 등불이 꺼졌고 한 후궁이 소리쳤다.
"지금 불이 꺼진 틈에 어떤 자가 첩을 희롱했습니다. 제가 그 자의 갓끈을 끊어 가지고 있으니 등불이 켜지면 갓끈 끊어진 자를 찾아서 벌주십시오."
이 말이 떨어지자 장왕이 말했다.
"오늘 이 자리에 있는 모든 자는 갓끈을 끊어라. 만약 갓끈을 끊지 않는 자가 있다면 이 자리가 즐겁지 않다는 것으로 생각하겠다."

•《설원》•

이 말에 그 자리에 있던 백여 명의 신하들이 모두 갓끈을 끊었고, 그 후에 등불이 켜져 흥겹게 잔치를 이어갈 수 있었다. 흥겨운 술자리가 순간의 실수로 인해 비극의 현장이 될 뻔했으나 왕의 관대함과 임기응변으로 슬기롭게 넘어갈 수 있었다.

초장왕에게는 여러 가지 에피소드가 있지만 그 중의 압권은 바로 위의 고사가 아닐까. 초장왕의 대표적인 에피소드인 '삼년불비三年不飛'의 고사보다 오히려 더 멋있는 이야기라고도 생각된다.

그로부터 3년이 지났고 초나라는 진晉나라와 전쟁을 하게 되었다. 그 때 한 신하가 선봉에 서서 적들을 격퇴했고, 전쟁은 초나라의 큰 승리로 끝나게 되었다. 장왕이 그 신하를 불러 물었다.

"일찍이 그대를 뛰어난 장수로 보지 않았는데, 그대는 무슨 연고로 목숨을 아끼지 않고 용맹하게 싸웠는가?"

그 신하가 대답했다.

"저는 이미 3년 전에 죽은 목숨이었습니다. 지난 날 술에 취해 잔치 자리에서 예를 잃었지만 왕께서는 그 일을 감추고 참아주셔서 제게 벌을 내리지 않았습니다. 저는 제 목숨을 바쳐 왕의 은혜에 보답하기로 결심했고 마침 오늘 기회가 왔던 것입니다."

초장왕은 리더로서 대범한 모습을 보였기에 즐거운 잔치 자리를 망치지 않았고, 실수를 저질렀던 신하의 목숨을 구했고, 결과적으로 목숨을 걸고 충성을 바치는 충신을 얻을 수 있었다. 그리고 전쟁이 난무하는 전국시대에 춘추5패 중의 한 명이 되는 위업을 이룰 수 있었다. 《설원》에는 이를 두고 "군자에게 덕을 베풀면 군자는 그 복을 얻게 되고, 소인에게 덕을 베풀면 소인은 힘을 다해 갚게 된다"라고 했다. 사람들에게 덕을 베풀면 그 상대가 누구라도 선한 결과로 되돌아온다는 뜻이다.

조직을 이끄는 리더에게는 무엇보다도 공정한 신상필벌의 원칙이 중요하다. 하지만 뜻하지 않은 작은 실수까지 찾아내 벌을 주는 것은 오히려 득보다 큰 손해가 되기도 한다. 사소한 실수까지 모두 찾아내 벌주고, 작은 실패에도 용서가 없다면 조직의 역동성은 사라지고 만다. 소극적으로 변하는 수밖에 없다. 실수나 실패가 두려워 도전하지 않고 담대하게 나서야 할 때 몸을 사리는 조직이 될 수도 있다. "한 자짜리 나무에도 마디가 있고, 한 치 크기의 옥에도 흠이 있다." 《여씨춘추》에 실려 있는 이 말처럼 아무리 뛰어난 인재라고 해도 작은 허물이 있기 마련이고, 아무리 완벽한 사람이라고 해도 실수를 범할 수 있다.

리더는 초장왕과 같이 담대한 모습을 보여야 한다. 그 처리가 한쪽으로 치우쳐 불공정해서도 안 되지만 정확한 원칙과 기준을 보이되 작은 실수와 실패를 용인하는 자세도 필요하다. 그럴 때 그 결과는 매우 큰 복으로 돌아올 수 있다. 또한 작은 실수 때문에 인재를 잃는 우를 범하지 않게 된다. 상사의 관용은 부하를 탈바꿈시켜 결정적인 순간 큰 공을 세우게 한다.

그리고 이런 상황에서 멋진 말과 행동으로 대처할 수 있는 임기응변 역시 리더에게는 꼭 필요하다. 물론 이는 겉으로 보이는 재치나 임기응변만으로는 부족하다. 내면의 깊이 있는 인간성과 가치관, 그리고 품격이 뒷받침되어야 이런 멋진 상황을 연출할 수 있다.

# 긍정의 말은
# 힘이 있다

유방은 장년이 되어 사상 지방의 정장亭長(작은 마을을 다스리는 벼슬)이 되었다. 그는 함양으로 일을 나갔다가 진시황의 행차하는 장면을 보고 이렇게 말했다.

"아, 대장부라면 의당 이래야 할 것이다!"

•《십팔사략》•

말은 그 자신의 내면의 표현이다. 그래서 "말은 그 사람 자신이다"라고 하고 "말이 그 사람의 내면을 말해준다"라고도 한다. 즉 말과 그 사람을 동일시하는 것이다. 말을 얼마나 신중하게 잘해야 하는지 짐작할 수 있다. 말은 자신의 내면을 표현하면서 자신이 나아갈 길을 암시하는 역할도 한다. 부정적인 말은 우리의 내면을 어둡게 하고 잠재의식 속에 패배의식을 심어준다. 하지만 긍정적인 말은 우리를 밝게 만들고 희망을 갖게 한다. 그래서 그 말들은 멀지 않은 미래에 현실이 되는 것이다.

위의 장면에서도 우리는 '말의 힘'을 충분히 느낄 수 있다. 이 말을 했던 유방은 결국 황제가 된다. 자신이 말했던 대로 대장부로서 당연히 황제의 자리를 차지할 수 있었던 것이다. 유방의 이야기를 하면서 그와 함께 황제의 자리를 다투었던 항우의 이야기를 하지 않을 수 없다.

항우 역시 젊었을 때 진시황의 모습을 보고 이렇게 말했던 적이 있다. "저 사람의 자리를 내가 차지할 수 있으리라!"

어떻게 보면 둘의 말은 비슷하다. 둘 다 긍정적인 말이기는 하지만 결정적인 차이가 있다. 유방은 진시황을 인정하며 자신의 포부를 마음속으로 다짐했다면, 항우는 과시적이고 직접적으로 표현하고 있다. 그래서 항우의 계부 항량은 깜짝 놀라서 "삼족이 멸하고 싶으냐?"고까지 물은 것이다.

물론 유방도 항우도 영웅호걸이다. 결과적으로 유방이 황제의 자리를 차지하기는 했지만 항우 역시 황제의 근접한 자리에까지 갔던 사람이다. 그 둘의 차이를 가른 결정적인 이유는 역사를 통해 우리가 잘 알 수 있지만 바로 이 장면에서도 우리는 그 차이를 볼 수 있다. 유방은 내면의 깊이로 말을 했지만 항우는 과시적이고 조금은 경솔하게 자신의 마음을 표현했던 것이다.

항우는 젊은 시절부터 무엇 하나 제대로 한 적이 없었다고 한다. 계부로부터 글을 배우기는 했지만 중도에 그만두었고, 검술을 배웠지만 그것 역시 끝을 보지 못하고 중간에 그만두고 말았다. 그리고 이렇게 변명했다고 한다.

"글은 자신의 이름을 쓸 수 있으면 족하고, 검은 단지 한 사람을 대적하는 데만 쓰일 뿐으로 배울 만하지 못합니다. 저는 만인을 대적하는 법을 배우고 싶습니다."

이 말을 듣고 계부 항량이 병법을 가르치자 그는 좋아하기는 했으나 대충 배울 뿐 끝까지 파고들지는 않았다. 결국 항우는 어느 것 하나 제대로 배우지 못했다.

이것을 보면 항우는 자신의 포부를 내세울 줄만 알았지 그것을 이루기 위해 노력하지는 않은 인물이었다고 보여진다. 물론 타고난 추진력과 용맹함으로 천하대세의 기회를 잡기는 했지만 마지막 순간 그것을 이루기에는 부족함이 있었던 것이다.

유방 역시 마흔이 가까운 나이가 되도록 백수 생활을 했고 그 출신이나 배경도 보잘 것 없었다. 하지만 유방은 다른 점이 하나 있었다. 그는 위의 고사에서 보듯이 항우와는 달리 겸손하게 자신의 미래를 준비했다. 그리고 자신보다 더 뛰어난 인재들을 휘하에 두고 그들이 능력을 발휘하게 하는 데 천부적인 자질을 보였다. 자신이 서민 출신이었던 만큼 마부, 백정 등의 천한 출신들도 차별하지 않고 오직 능력으로 등용했다. 이처럼 사람에 대한 이해와 지혜가 있었기에 유방은 천하를 가질 수 있었던 것이다.

사람들과 나누는 대화의 기술은 중요하다. 하지만 평소에 하는 혼잣말도 정말 중요하다. 대화는 다른 사람과 나누는 것이지만 혼잣말은 자신과 나누는 대화이다. 대화는 내 입에서 빠져나가는 말이지만 혼잣말은 다시 자신에게로 돌아오는 말이다. 그리고 자신의 꿈과 미래를 자신에게 다짐하며 세상을 향해 선포하는 것이다. 따라서 자신에게는 어떤 어려운 상황에서도 희망적인 말을 해야 한다. 그리고 항상 큰 미래를 꿈꾸는 말을 해야 한다.

《탈무드》는 말한다. "남의 입에서 나오는 말보다도 자기의 입에서 나오는 말을 잘 들어라."

# 사람을
# 살리는 말을 하라

제나라의 재상 안자는 그의 탁월한 능력은 물론 검약과 성실함으로도 유명했다. 그는 한 벌의 가죽 옷을 30년 이상 입었을 정도로 자신에게 쓰는 것은 철저하게 아꼈지만, 그의 덕으로 생활을 하는 자들이 70명이 넘을 정도로 사람들에게는 넉넉하게 베풀었다. 안자가 외출할 때 그의 수레를 모는 마부의 아내가 문틈으로 그 모습을 훔쳐보았다. 안자는 당당하지만 겸손한 모양이 몸에 익은 반면 자신의 남편은 의기양양하고 거만한 모습으로 말을 몰았다. 외출을 다녀온 후 마부의 아내는 남편에게 헤어질 것을 청하며 말했다.

"안자는 제나라의 재상이라는 지위에 계시며 다른 나라의 제후들에게도 이름을 떨치고 있습니다. 그런데도 그 분은 자신을 낮추고 스스로 겸손하게 처신합니다. 하지만 당신은 남의 마부가 되어 스스로 높이고 거만을 떨고 있으니 첩은 당신의 아내라는 것이 부끄럽습니다."

마부는 이 말을 듣고 스스로를 낮출 수 있게 되었고 겸손하게 처신하게 되었다. 안자가 갑자기 변한 모습을 이상하게 생각하여 물었고 마부는 사실대로 이야기했다. 안자는 그를 대부大夫의 자리에 추천했다.

●《십팔사략》●

'정승집 개가 죽으면 사람들로 문전성시를 이루지만 정승이 죽으면 개 한 마리 얼씬거리지 않는다'는 말이 있다. 권력을 좇는 사람들의 인심의 얄팍함을 말하는 것이지만 위의 고사에도 비슷한 의미가 담겨 있다. 정승보다 정승집 마부가 더 교만한 모습을 보이는 것은 사람들이 정승을 향해 차리는 예의와 드리는 절이 모두 자신을 향한 것이라고 착각하는 것이다.

흔히 기업의 사장 다음의 실력자는 사장의 운전기사라는 말을 한다. 직급으로는 낮지만 사장과 항상 함께하며 자주 대화하는 상대라는 점에서 알게 모르게 사람들이 높여주고 잘 보이려고 하는 것이다. 심지어 그보다 훨씬 직급이 높은 부장이나 이사급의 간부까지도 그와 긴밀하게 지내려 노력한다. 사장에 대한 정보를 얻으려는 것이다. 사람들의 이러한 모습을 접하며 사장의 운전기사는 자신의 처지나 지위를 잊게 되는 경우가 많다. 물론 다 그런 것은 아니지만 자신의 본분을 잊는 사람도 더러 있다. 하지만 아무리 그래도 그는 사장의 기사에 불과하다. 만약 보직이 바뀌게 되면 그는 회사의 화물차도 몰 수 있고, 회사의 통근버스를 몰아야 하는 것이다.

안자는 제나라의 재상이었지만 그의 명성은 제나라뿐 아니라 주변 여러 나라의 제후들에게까지 널리 퍼졌을 만큼 당시 최고의 명망가였다. 그의 탁월한 행적과 능력, 학식은 많은 고전에서 소개되고 있을 정도이다. 그는 대부분의 훌륭한 사람들이 그렇듯 겸손하게 자신을 낮추는 겸양의 덕을 갖추고 있었다. 하지만 안자의 마부는 재상의 마부라는 직책을 너무 자랑스럽게 여긴 나머지 자신을 높이며 거들먹거리는 모습을 보였다.

그 모습을 본 그의 아내는 진심으로 그에게 충고의 말을 했다. 마부의 아내 역시 권세가에서 마부를 하는 남편을 두고 있다는 것이 그다지 나쁜 것은 아니었을 게다. 하지만 마부의 아내는 남편이 그 자리에 안주하는 모습이 만족스럽지 못했던 것 같다. 아내의 말이 보통 따끔한 게 아니었다. 마부의 정신을 번쩍 들게 하는 말이었던 것이다. '차라리 헤어지는 것이 더 좋겠다'는 아내의 말을 듣고 마부는 그제야 자세를 가다듬게 되었다.

마부는 자신의 처지와 본분을 다시 생각하고 겸손한 처신과 몸가짐을 하게 되었다. 그리고 고사에는 나오지 않지만 열심히 책을 읽고 공부하는 노력도 분명히 했을 것이다. 안자는 그 자신이 탁월한 재상이었던 만큼 군주를 모시는 신하들에 대한 기준도 남달리 높은 사람이었다. 친구였던 고료나, 함께 경공을 모시던 양구거 같은 이들도 안자의 기준을 충족시키지 못할 정도였다. 이러한 안자가 대부의 자리로 추천한다는 것은 최소한 그만한 능력과 자질을 갖추고 있다는 증거가 아니겠는가.

마부는 아내의 충고를 듣고 자신을 가다듬는 모습을 보였는데 이것 역시 쉬운 일은 아니다. 사람들은 자신의 결점을 지적하는 말을 듣게 되면 속으로는 수긍하지만 쉽게 받아들이질 못한다. 자존심이 귀를 가리고 눈을 가리는 것이다. 하지만 마부는 아내의 말을 듣고 순종하며 자신을 바르게 했다. 이것을 보면 그는 비록 마부를 하고 있었지만 사람의 됨됨이는 충실했던 것 같다. 그래서 아내가 하는 말, 자신을 살리고 흥하게 하는 말을 듣고 순종하여 인생을 바꿀 수 있었던 것이다.

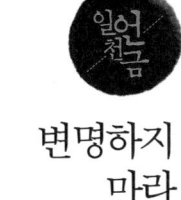

# 변명하지 마라

항우가 유방의 군대에 쫓겨 동성 땅에 이르자 그의 휘하에 겨우 28기의 기병만이 남았고, 그 뒤를 좇는 유방의 군대는 수천 기에 달했다. 도저히 유방의 군대로부터 벗어날 수 없다고 판단한 항우는 다음과 같은 말을 남긴다.

"내가 병사를 일으킨 지 벌써 8년이 되었고, 그동안 몸소 70여 차례의 전투를 치렀다. 맞서는 자는 격파하고 공격하는 자는 굴복시키면서 패배를 몰랐고 천하 제패의 꿈을 거의 이룰 수 있었다. 그러나 지금 이곳에서 곤경에 처했으니, 이는 하늘이 나를 버린 것이지 내가 전쟁을 못한 것이 아니다."

• 《사기》 본기 •

이 말은 곤궁에 빠진 항우가 자신의 남은 부하들에게 마지막으로 했던 말이다. 이 말에 이어 항우는 유방의 군사를 향해 돌진했고, 수백 명의 군사를 죽여 자신의 용맹을 증명했지만 막다른 길에 몰려 스스로 목숨을 끊고 만다. 호걸의 마지막으로 부끄럽지 않은 호쾌한 장면인지는 모르지만 이 말 속에 왜 항우가 압도적인 우위를 지키지 못하고 유방에게 패했는지에 관한 해답이 숨어 있다.

　항우는 막다른 길에 몰리면서도 자신을 돌아보는 일은 하지 않았다. 자신이 왜 패하고 말았는지를 생각하면서 자신의 잘못은 없었는지, 자신이 무엇이 모자랐는지를 생각해 그것을 보완하고 고쳐나갈 방법을 찾기보다는 자신의 패배를 하늘의 탓으로만 돌린 것이다. 항우는 마지막 순간까지 부하들에게 멋진 모습을 보이려 했지 부하들과 함께 새로운 기회를 모색하는 모습을 보이지는 못한 것이다.

　사람들이 위기에 처했을 때 취하는 태도는 크게 두 가지로 나뉜다. 어떤 사람은 위기와 실패의 원인을 먼저 자신 안에서 찾으려고 한다. 냉정하게 자신의 실책이나 부족했던 부분을 찾아 반성하고, 문제점을 개선해서 재도약의 기반으로 삼는다. 이에 반해 어떤 사람은 위기와 실패의 원인을 모두 외부 환경 탓으로 돌린다. "운이 나빴다"고 하며 한탄하거나 항우처럼 하늘을 탓하면서 자기 자신을 돌아보는 일만은 끝내 하지 않는다. 평상시에도 마찬가지지만 특히 위기의 순간이 오면 먼저 자신을 돌아볼 수 있어야 한다. 그 다음 주변 환경에 눈을 돌려 상황을 개선해나가는 것이 좋다.

《논어》에는 "군자는 일이 잘못되면 원인을 자신에게서 찾고 소인은 남의 탓을 한다"는 말이 실려 있다. 특히 지도자는 위기에 몰렸을 때 먼저 자신을 돌아보고 반성할 수 있어야 위기를 넘어 기회를 만들 수 있다. 위기에 몰렸을 때 부하들의 탓을 하고, 상황을 원망하고, 심지어 하늘의 탓으로 돌린다면 그 위기에서 반전을 이룰 수는 없다. 항우는 자신의 용맹을 내세우고 있지만 그의 말을 살펴보면 위기에서 한없이 위축되는 패배자의 면모밖에는 보이지 않는다.

또한 항우는 "몸을 피해 훗날을 기약하자"는 부하의 간곡한 말에도 스스로 면목이 없다고 하며 포기한다. 위기에 몰렸을 때 자포자기함으로써 재기의 기회를 스스로 없애버리고 만 것이다. 이것 역시 제대로 된 리더의 자세는 결코 아니다. 전쟁에서 승패는 얼마든지 있을 수 있는 일이다. 이것을 어떻게 받아들이느냐에 따라 리더의 진면목이 드러나는 법인데, 항우는 면목이 없음을 앞세우면서 실제로는 자신감을 잃고 모든 희망의 끈을 놓아 버렸다.

사마천은 《사기》에서 항우에 대해 다음과 같이 말하며 한탄했다.

"항우는 스스로의 공로만을 자랑하고 사사로운 지혜만을 앞세워 옛것을 본받지 않았다. 패왕의 대업이라고 하면서 힘으로 천하를 정복하고 다스리려다가 5년 만에 나라를 망하게 했다. 몸이 동성에서 죽으면서도 스스로 깨닫지 못하고 스스로를 꾸짖지 않았으니 이것도 잘못이다. 그런데도 '하늘이 나를 망하게 하려는 것이지 내가 싸움을 못한 것이 아니다'는 핑계만 대고 있으니 어찌 황당하지 않은가?"

'회복탄력성'이라는 말이 있다. 인생을 살면서 누구나 부딪히게 마련인 실패와 좌절에 잘 대처하고 다시 일어설 수 있는 능력을 뜻한다. 특히 조직을 이끄는 리더라면 이러한 능력이 필수적으로 필요하다. 인생도 마찬가지지만 회사나 조직은 오늘날과 같은 경쟁의 시대에 훨씬 많은 위기에 봉착하고 실패를 경험하기 때문이다.

이럴 때 한 개인이라면 그것은 자기 한 사람의 실패로 되지만 만약 조직의 실패라면 자신은 물론 자신을 믿고 따르는 직원들과 가족들 모두의 실패가 된다. 따라서 리더는 자만해서도 안 되고 쉽사리 포기해서도 안 된다. 항상 겸손하게 대처하고 어떤 위기에서도 포기하지 않는 자세를 가져야 한다.

리더의 말에는 흥하는 말이 있고 망하는 말도 있다. 리더들은 특히 위기의 순간 희망을 말해야 하고 비전을 제시해야 한다. 이것이 바로 흥하는 말이다. 하지만 위기가 닥쳤을 때 자신의 자존심을 생각하고 위기의 원인을 자신이 아니라 다른 데서 찾으려 한다면 그것은 바로 망하는 말이다. 항우처럼 말이다.

# 모든 패를
# 다 내보이지 마라

위나라의 조조와 촉나라의 유비가 한중 땅을 놓고 싸울 때의 일이다. 일이 뜻대로 되지 않아 조조가 고민에 쌓여 있는데 한 부하가 다음날의 계획을 묻기 위해 조조를 찾아간다. 그 때 조조는 '계륵鷄肋'이라는 한 마디만 한 채 말을 하지 않았다.

부하는 더 이상 아무 말도 듣지 못하고 돌아갔고, 그 말을 들은 다른 부하들 역시 그 뜻을 알지 못해 당황해 하고 있었다. 그 때 조조의 책사 양수는 조조의 속마음을 읽고 "내일은 철수 명령이 있을 테니 준비를 하라"고 이야기한다. 그의 해석은 "닭의 갈비는 먹음직하지는 않지만 버리기는 아까운 것이다. 한중은 버리기는 아깝지만 대단한 곳은 아니니 아마 내일이면 버리고 돌아간다는 명령이 떨어질 것이다."

•《후한서》•

양수의 이 해석을 들은 부하들은 속으로 쾌재를 부르며 슬금슬금 짐을 챙기기 시작했다. 하지만 이 소문을 들은 조조는 군율을 어겼다는 죄를 물어 양수를 참형에 처하고 만다. 비범한 인재의 안타까운 죽음이지만, 양수가 목숨을 잃게 된 것은 꼭 이 일 때문만은 아니었다.

양수와 조조에 대해서는 수많은 이야기들이 전해지고 있다. 그 대부분의 이야기는 양수의 지혜가 조조의 지혜를 눌렀고, 조조를 놀라게 했고, 심지어 조조의 심기를 건드리며 자존심을 짓밟는 일들이었다. 여러 고사 중에서 한두 가지만 보기로 하자.

조조는 늘 자신을 해칠 사람이 있을까를 두려워했다. 특히 자신이 자고 있을 때는 무방비 상태이므로 가까이서 자신을 지켜주는 신하들도 믿지 않았다. 조조는 그래서 항상 신하들에게 "나는 꿈속에서 사람이 곁에 오면 죽여버리는 버릇이 있으니, 누구든지 내가 잠이 들면 곁에 가까이 오지 마라"고 이야기했다. 자신을 암살하려는 마음을 품는 사람들에 대한 경고의 메시지였다. 그러던 어느 날 조조가 낮잠을 자고 있는데 한 신하가 흘러내린 이불을 덮어주려 하다가 그만 조조의 칼에 죽는 일이 일어나고 만다.

신하들은 모두 놀랐고 조조는 "나의 잠버릇이 나빠 나의 신하를 죽였구나! 후히 장사 지내 주어라!"고 말했다. 그 이후 조조의 곁을 지키는 신하들은 조조가 꿈속에서 사람을 죽인다는 말을 진실로 믿고 가까이 가지 못했다. 모든 사람이 조조의 꾀에 넘어갔지만 그러나 양수만은 속지 않았다. 양수는 '승상이 꿈속에서 자네를 죽인 것이 아니라 자네가 꿈을 꾸다가 꿈속에서 죽었네'라고 의미심장한 말을 했다. 이 소리에 조조는 깜짝 놀라 생각했다.

'온 천하 사람을 다 속여도 오직 양수만은 속이지 못하는구나!'

이외에도 양수는 행군 길에 보았던 비석의 글씨를 조조보다 30리나 빨리 해석해냄으로써 질투심이 많은 조조의 속을 뒤집어놓기도 했다. 또 조조가 야심차게 냈던 한자를 바로 풀어냄으로써 조조를 놀라게 하기도 하는 등 사사건건 조조보다 앞섬으로써 조조의 자존심을 건드렸다.

이처럼 양수는 탁월한 식견과 능력으로 조조의 속마음까지 꿰뚫어보고 있었다. 당연히 조조로부터 신임을 받았고 공을 세우기도 했지만 상대가 조조라는 것이 문제였다. 조조는 천하의 간웅으로서 자신보다 더 뛰어난 능력을 지닌 것으로 평가받던 양수가 부담스러웠다. 게다가 한번씩 자존심을 건드릴 정도로 군주인 자신 앞에서도 가볍게 입을 놀리는 양수가 싫었다. 결국 조조는 항상 자신보다 앞서나가는 양수가 나중에는 큰 위협이 될 수도 있겠다는 생각으로 적당한 기회가 왔을 때 양수를 제거해버린 것이다.

조조는 양수를 죽인 다음 성대하게 예를 다해 그의 장례를 치러 주었다. 비록 죽이기는 했지만 그것은 양수의 잘못이 아니라 자신의 개인적인 감정 때문이었음을 누구보다 자기 자신이 잘 알았기 때문이다.

주위에 혹시 양수와 같은 사람이 있지는 않은가? 남다른 머리와 재치, 그리고 폭넓은 지식을 갖추고 있지만, 단 한 가지 자신의 입만은 다스리지 못하는 사람. 너무 가벼운 말과 아무것도 속에 넣어 두지 못하는 경박함으로 인해 자신의 앞길을 막아 버리는 사람이 있을 것이다. 자신의 입만 다스릴 수 있다면 위대한 일을 해낼 수 있을 텐데 오직 그것 하나가 부족하여 해야 할 큰일을 마치기 전에 목숨을 잃고 마는 어리석은 사람.

《명심보감》에는 다음과 같이 실려 있다.

"입을 지키기를 병마개를 막듯이 하고, 생각 지키기를 성을 지키듯이 하라."

양수는 이 말을 명심해야 했다.

# 망하는 말 두 가지

항우의 신하 한생이 항우에게 말했다.

"관중(함양이 있는 지역)은 산으로 막혀 있고 강으로 둘러싸여 천혜의 요새입니다. 또한 땅이 비옥하고 풍요롭습니다. 이곳을 도읍으로 삼는다면 패왕이 될 수 있습니다."

하지만 항우는 자신이 파괴해버린 함양이 피폐하게 보였고, 한편으로 자신의 고향으로 돌아가고 싶은 마음이 컸다.

"부귀를 얻은 후 고향에 돌아가지 않는 것은 비단옷을 입고 밤길을 다니는 것과 같다."

이 말을 들은 한생은 항우의 됨됨이에 실망했다.

"초나라 사람들은 원숭이를 씻겨 의관을 입혀 놓은 것 같다더니 정말 그렇군."

항우가 듣고 노하여 한생을 삶아 죽여 버렸다.

• 《십팔사략》 •

유방은 함양을 정복한 후 그 곳에 머무르고 싶었지만 번쾌와 장량 등 충성스런 신하들의 간언을 듣고 그 곳을 물러난다. 하지만 항우는 유방에 이어 함양을 정복한 후 유방과는 달리 황제 자영을 죽이고 궁실에 불을 질러 초토화시켜 버렸다. 이에 진나라 백성들은 크게 실망하며 항우를 마음속으로 원망하게 되었다.

위의 고사에서 우리는 두 가지의 망하는 말을 보게 된다. 먼저 항우의 경우이다. 항우는 영웅호걸을 자처했지만 초한 전쟁의 곳곳에서 호걸답지 못한 모습을 보였다. 한신이 평가하듯이 '필부의 용기, 아녀자의 인정'의 모습이었던 것이다.

여기서도 항우는 여지없이 이런 모습을 보였다. 유방이 신하들의 간언을 듣고 자신의 욕심을 굽히고 함양을 과감히 물러난 것과는 달리 항우는 신하의 간언을 한 마디로 무시해 버린다. 특히 항우가 신하의 말을 듣지 않은 것은 전략적이고 정책적인 의지라기보다는 고향에 가서 자랑하고 싶은 마음 때문이었다. 마치 어린아이와 같은 생각으로, 한 나라를 이끄는 지도자로서 보여서는 안 되는 한심한 모습인 것이다. 결국 항우는 이런 모습들로 인해 유방과의 경쟁에서 패해 비참한 최후를 맡게 된다.

항우는 함양을 입성할 당시 먼저 함양에 입성했던 유방에 비해 압도적인 군사적 우위를 자랑했다. 또한 유방을 홍문에서 죽일 수 있는 절호의 기회를 맞이하기도 했다. 하지만 항우는 결정적인 순간에 망설이다가 유방을 살려주고 만다. '전쟁터에서 망설이는 자는 장군의 자격이 없다'고 했는데 항우가 바로 이런 모습이었던 것이다.

또한 이 고사에서 항우는 부하의 간언을 무시한 것은 물론 자신의 비위를 건드린 부하를 삶아죽이고 만다. 물론 부하가 말로 자신의 군주를 농락한 것은 당연히 큰 잘못으로 옛날의 관점에서 보면 죽어 마땅한 일이다. 하지만 "충성스러운 말은 귀에 거슬리지만 행실에 이롭고, 독한 약은 입에 쓰지만 병에 이롭다"고 한 옛말처럼 한생의 말을 감정적으로만 받아들일 것이 아니라, 한 번 더 자신의 생각을 가다듬는 기회를 삼았다면 전쟁에서 훨씬 더 좋은 결과를 얻을 수 있었을지도 모른다. 물론 항우의 그릇이 그만큼 컸다면 결코 결정적인 우세를 가진 전쟁에서 지는 일은 없었을지도 모르지만 말이다.

결국 항우가 망한 것은 여기서 보여주는 '금의야행錦衣夜行', 즉 '고향에 달려가 자신의 출세한 모습을 자랑하고 싶은 소인배의 마음' 때문으로 집약된다. 황제를 꿈꾼 영웅호걸이었다면 당연히 천하제패를 꿈꾸고 크고 멀리 보는 자세를 가져야 하는데 항우의 그릇은 그에 턱없이 미치지 못한 것이다.

항우의 망하는 말과 함께 여기서는 한생의 망하는 말도 있다. 마치 고사의 한 장면에서 망하는 말의 향연이 벌어진 것과도 같다. 한생은 신중하지 못한 말장난으로 인해 망하고 만다. 물론 한생의 입장에서 보면 자신이 모시는 군주의 모습이 한심하게 보일 수도 있다. 하지만 한생은 자신의 군주에게 결코 해서는 안 될 말을 했다. 항우를 비난하면서 초나라 사람 전체를 비하하는 말을 했고, 항우의 아킬레스 건이라고 할 수 있는 자존심을 건드린 것이다. 심지어 간곡한 충언으로 인해 목숨을 잃은 것이 아니라, 자신의 군주를 조롱하는 말 때문에 망했다는 것은 명분도 실리도 잃은 모습이었다.

《논어》 계씨편에는 "말할 때가 되지 않았는데 말하는 것을 조급하다고 하고, 말할 때 말하지 않는 것을 숨긴다고 하고, 안색을 살피지 않고 말하는 것을 눈뜬 장님이라고 한다"라고 실려 있다. 《명심보감》에서는 "입과 혀는 재앙과 근심의 문이요, 몸을 죽게 하는 도끼이다"라고도 한다.

뛰어난 실력과 능력이 있는 사람이 '말'로 인해 쉽게 무너지는 모습을 보면서 우리는 '말'의 중요성을 절감한다. 그래서 "군자는 말을 아끼고 소인은 말을 앞세운다(《예기》)"라고 하는 것이다.

## 간사한 자의 말을
## 판단하라

당 현종이 자신의 애첩 양귀비의 양아들 안록산을 위해 저택을 지었는데 화려하기가 그지없었고, 현종은 날마다 그곳에서 연회를 베풀어주도록 했다.

비대한 안록산의 배를 보고 현종이 물었다.

"이 오랑캐의 배에는 무엇이 들어 있을까?"

안록산이 대답했다.

"오직 충성심뿐입니다."

그러나 안록산은 궁중에 들어오면 가장 먼저 양귀비에게 절을 했다. 현종이 그 이유를 묻자 이렇게 대답했다.

"우리 호인胡人은 어머니를 먼저 섬기고 아버지는 뒤로 합니다."

•《십팔사략》•

안록산은 아버지가 소그드인(이란계), 어머니가 돌궐계인 혼혈로서 국경의 경비를 잘해 현종으로부터 신임을 얻었다. 그를 양아들로 삼은 양귀비의 총애를 바탕으로 전횡을 일삼았고, 양귀비와 사통을 했다는 소문도 있었지만 현종은 이를 믿지 않았다. 심지어 신하들로부터 '양귀비가 안록산을 목욕시키고 있다'는 말까지 들었지만 그 둘의 사통을 믿지 않았던 것이다.

그 후 조정 신하들간의 알력으로 안록산은 다시 변방으로 갔고 그곳에서 반란을 일으킨다. 반란은 결국 평정은 되지만 오랜 반란으로 인해 당나라의 국력은 쇠퇴해지고 결국 망하게 된다. 현종은 간신의 언행을 제대로 판단하지 못했기에 결국은 나라가 망하는 빌미를 제공했던 것이다.

위의 고사에서 안록산은 간신의 언행을 제대로 보여주고 있다. 타고난 교언영색巧言令色으로 황제의 마음을 사로잡고 있는 것이다. 심지어 자신의 비대한 배를 비웃는 황제를 향해 자신의 배 안에는 오직 황제를 향한 충성심밖에 없다는 말로 교묘하게 그 상황을 이용할 정도였다. 이것을 보면 간사한 사람은 때와 장소, 그리고 상황을 가리지 않고 왕의 마음을 사로잡기 위한 아첨을 한다는 것을 잘 알 수 있다.

하지만 아첨을 하는 모든 간신들이 그렇듯이 안록산은 상황에 따라서 말이 달라진다. 간신들이 하는 말은 진정이 없기 때문에 때와 장소, 그리고 상대에 따라 다른 말을 할 수밖에 없는 것이다. 자신의 '배 속에는 황제를 향한 충성으로 가득 차 있다'고 눈물겹게 말했던 안록산은 궁에 들어올 때는 오히려 황제보다는 양귀비를 먼저 섬겼다. 황제가 그 이유를 묻자 '호인들의 풍습이 그렇다'고 하며 그 자리를 모면한 것이다. 참으로 대단한 말재주이며 타고난 임기응변이라고 할 수 있다.

현종은 이런 간신의 언행을 보면서도 그것을 제대로 파악하지 못했다. 당 현종은 처음 즉위했을 때는 충신을 중용하고 백성들을 위한 인자한 정치를 폈던 사람이다. 심지어 그는 "짐이 마르더라도 천하와 백성들이 살이 찌면 더 바랄 것이 없다"고 말했을 정도로 백성을 아꼈다. 하지만 그는 천하가 안정되고 나라가 부흥하자 점점 더 교만해지기 시작했다. 자신에게 달콤한 말을 하는 간신들을 중용했고, 양귀비와 같은 여자들에게 빠져 나랏일을 내팽개쳐 두었다. 심지어 양귀비는 한때 그의 며느리였으니 얼마나 나라의 윤리도덕이 허물어져 있었는지를 알 수 있다.

이 고사를 보면 창업보다 수성이 어렵다는 것을 우리는 잘 알 수 있다. 창업은 한 번으로 이룰 수 있지만, 수성의 어려움은 두고두고 계속 노력해야 하는 것이므로 리더는 끊임없이 교만과 사치, 소홀함에 빠지지 않도록 경계해야 하는 것이다. 나라도 마찬가지지만 기업도 그 번영을 계속 이어나가기는 어렵다. 우리나라도 마찬가지지만 미국의 통계를 보면 우량기업으로 꼽히던 기업이 30년 이상 계속된 것은 채 20퍼센트에도 미치지 못하다고 한다. 그만큼 번영을 지켜나가기가 힘든 것이다.

《목민심서》에는 "아첨을 잘하는 자는 충성스럽지 못하고, 간언을 잘하는 자는 배신하지 않는다"고 실려 있다. 달콤한 말은 리더의 귀를 막고 눈을 흐리게 한다. 은나라의 시조 탕왕이 자신이 세숫대야에 새겨놓았던 것처럼, 리더들은 '날마다 새롭게, 또 새롭게' 자신을 가다듬어야 한다. 그리고 충신이 하는 귀에 쓴 말과 간신들이 하는 귀에 달콤한 말을 가려서 들을 수 있어야 한다.

# 만장일치의 치명적인 위험을 경계하라

노애공이 공자에게 물었다.

"속담에 '여러 사람과 의논하면 미혹됨이 없다'고 했소. 지금 내가 여러 사람들과 의논하고 있는데도 나라가 어지러운 것은 무슨 까닭이오?"

공자가 대답했다.

"지금 신하들은 계손 씨와 말은 물론 행동까지 똑같이 하지 않는 자가 없습니다. 노나라가 온통 계손 씨 한 사람의 나라와 같아져 버렸습니다. 이런 상황에서는 군주가 아무리 나라 안의 많은 사람에게 물어볼지라도 대답은 하나일 수밖에 없습니다. 나라가 혼란에 빠진 이유입니다."

• 《한비자》 •

이 질문은 노애공이 안자에게도 했던 것이다. 똑같은 질문에 안자는 다음과 같이 대답했다.

"이른바 '세 사람이 모여 미혹됨이 없다'고 한 것은 한 사람이 틀려도 나머지 두 사람이 맞으면 세 사람으로도 능히 여러 사람을 대신할 수 있다고 생각했기 때문입니다. 지금 노나라의 신하는 많으나 모두가 계손 씨의 이익에 부합되도록 행동하고 있기 때문에 모든 말은 한 사람이 한 것과 같습니다. 그러니 어찌 세 사람과 상의했다고 하겠습니까?"

두 현자들의 대답이 놀랍게 일치한다. 우리는 여기서 상황을 정확하게 관찰하고 원인을 진단하는 현자들의 지혜와 통찰력을 배울 수 있다.

계손 씨는 《논어》에도 자주 등장하는 노나라의 실권자 가문이다. 노나라의 실권을 쥐고 전횡을 일삼던 가문이었는데 그중에 대표적인 인물은 계강자이다. 계강자가 공자에게 '정치'에 대해 묻자 공자는 다음과 같이 대답을 한 것은 유명한 일화이다. "정치는 바르게 하는 것이다. 당신이 바르게 하면 백성들도 바른 길로 간다." 또 계강자가 백성을 무력으로 다스리면 어떻겠냐고 묻자 "군주가 바람이면 백성은 풀이다. 풀은 바람이 부는 대로 눕는다"라고 대답했다. 따라서 백성이 잘하게 하고 싶다면 먼저 군주가 잘해야 한다는 것이다. 요즘 말로 하면 "너나 잘하세요"와 같은 말이라고 할 수 있겠다. 이런 일화에서도 알듯이 계강자는 그 당시 정치를 문란하게 했던 패역한 실권자였다. 따라서 공자는 물론 안자도 계강자의 전횡을 왕에게 간언하고 있는 것이다.

여기서 우리는 두 가지를 생각해볼 수 있다.

먼저 지도자들은 만장일치를 경계할 필요가 있다는 것이다. 모든 사람이 한 목소리로 같은 의견을 제시한다면 그것이 혹시 한 사람의 실권자에 의해 조작된 것이 아닌지 생각해봐야 한다. 모든 사람의 의견이 일치한다면 그 의견이 올바르기 때문이라고 생각할 수 있다. 하지만 만약 조직이 발전하는 것이 아니라 퇴보하거나 답보한다면 그것은 조작된 여론이 아닌지 생각해봐야 한다. '만장일치'는 가장 아름다운 공통 의견의 표현일수도 있지만, 강요된 것일 수도 있다. 크든 작든 조직을 이끄는 사람이라면 다양한 의견을 좋아해야 한다.

또한 다수결의 함정도 생각할 수 있어야 한다. 의견이 충돌되고 계파의 이익에 의해 의견이 나뉠 때 우리는 다수결의 방법을 사용한다. 물론 민주주의에서 다수결은 바뀔 수 없는 원칙이기는 하지만 진정한 리더라면 다수결의 함정 역시 피할 수 있어야 한다. 독재국가에서 다수결이 어떤 의미를 갖는지를 생각해보면 잘 알 수 있을 것이다. 리더라면 듣기 좋은 수백 마디의 말보다 한 마디 따끔한 간언을 기뻐할 수 있어야 한다. 그래야 자신이 살고 조직을 살릴 수 있다. 특히 국가를 다스리는 위정자라면 꼭 마음에 담아야 한다.

또 한 가지는 어떻게 지도자를 모시는가 하는 문제이다. 만약 조직의 병폐가 되는 일을 지도자가 모르고 있다면 그 문제를 계속 제기해야 한다. 한 사람이 이야기해서 바로 잡을 수 없다면 다른 뜻 있는 사람도 같은 문제를 제기할 수 있어야 한다. 노애공에게는 공자와 안자가 연이어 계손 씨의 전횡을 경계하라고 말해주고 있다. '삼년불비三年不飛'의 고사로 유명한 초나라 장왕에게는 오거와 소종이 각각 다른 방식으로 간언하여 왕의 마음을 돌리고 있다. 그만큼 충신들이 입을 모아서 하는 간언은 힘이 있는 것이다. 하지만 반대의 경우도 있다. 꼭 충신들의 간언이 아니더라도 위의 고사에 있는 것처럼 잘못된 간신들의 의견 역시 입을 모아서 하게 되면 왕은 넘어가게 되기가 쉽다.

'중구삭금衆口鑠金'이라는 성어가 이것을 잘 말해주고 있다. "여러 사람이 입을 맞추면 쇠도 녹일 수 있다"는 뜻인데, 여러 사람이 이구동성으로 말하면 있는 것도 없는 것으로, 없는 것도 있는 것으로 왜곡할 수 있다는 말이다. '삼인성호三人成虎'도 같은 뜻의 성어이다. 호랑이가 나올 리 없는 '저잣거리에 호랑이가 나타났다'는 헛소문도 세 사람이 말하면 정말로 믿어진다는 것이다.

현명한 리더라면 바로 이런 점을 통찰할 수 있어야 한다. 단순히 많은 사람들이 일치된 말을 한다고 해서 그것을 무조건 받아들여서는 안 된다. 그 말을 하는 상황과 의도 역시 읽을 수 있어야 한다. 또한 진심으로 조직을 생각하는 충직한 부하들이 입을 모아 말하는 간언을 분별하여 받아들일 수도 있어야 하는 것이다.

이 두 가지를 집약해보면 핵심은 바로 사람을 제대로 읽는 것이다. 사람을 보는 눈이 정확해야 그들이 하는 말도 제대로 받아들일 수가 있다.

말
공
부